AF276301

COLEX

GRACIAS POR CONFIAR EN COLEX

Disfrute gratuitamente **DURANTE UN AÑO**

de los eBook, audiolibros y Colex Copilot de las obras de Editorial Colex*

ACTIVA TU CÓDIGO PARA ACCEDER A LOS SERVICIOS

1. Accede a **www.colex.es**.

2. Inicia sesión o regístrate como usuario.

3. Dirígete al menú de usuario y haz clic en **«Mis códigos»**.

4. Introduce el siguiente código **(RASCA PARA VER EL CÓDIGO)**:

◆ Una vez se valide el código, aparecerá una ventana de confirmación y su eBook / audiolibro / Colex copilot estarán activos **durante 1 año desde su activación** en la pestaña «Mis libros» en el menú de usuario.

---

* Los audiolibros están disponibles en las ediciones más recientes de nuestras obras. Se excluyen expresamente las colecciones «Códigos comentados», «Biblioteca digital» y los productos de www.vademecumlegal.es. Colex Copilot únicamente está disponible en las ediciones más recientes de las colecciones «Paso a paso» y «Vademecum».

No se admitirá la devolución si el código promocional ha sido manipulado y/o utilizado.

¡Gracias por confiar en nosotros!

La obra que acaba de adquirir incluye de forma gratuita la versión electrónica.

Acceda a nuestra página web para aprovechar todas las funcionalidades de las que dispone en nuestro lector.

Funcionalidades eBook

Acceso desde cualquier dispositivo con conexión a internet

Idéntica visualización a la edición de papel

Navegación intuitiva

Tamaño del texto adaptable

Síguenos en:

NUEVA FUNCIONALIDAD CON INTELIGENCIA ARTIFICIAL EN LOS LIBROS DE COLEX

| Una cortesía de Iberley.es |

En Colex damos un paso más en innovación jurídica. Desde ahora, las guías «Paso a paso» y los «Vademecum» incorporan una nueva funcionalidad basada en **inteligencia artificial**, gracias a la tecnología de **Iberley IA**.

El lector podrá interactuar directamente con el contenido del libro de forma inmediata, útil y centrada exclusivamente en su materia.

☑ **¿Qué puede hacer el usuario en el libro?**

- Realizar preguntas sobre el contenido del libro.

- Solicitar explicaciones de artículos, conceptos o normativa.

- Utilizar un ChatBot inteligente, contextualizado y acoplado al contenido legal del libro.

- Resolver dudas puntuales mientras se estudia o trabaja con la obra.

☒ **¿Qué no puede hacer esta versión del ChatBot?**

- ✗ No permite generar escritos jurídicos.

- ✗ No analiza ni responde documentos externos.

- ✗ No responde a consultas de otras materias distintas a la del libro.

Esta herramienta está pensada para enriquecer la experiencia de lectura y consulta del libro. Su uso es exclusivo sobre su contenido.

¿QUIERES IR MÁS ALLÁ? DESCUBRE IBERLEY IA

Si necesitas una **solución avanzada de inteligencia legal**, con cobertura total de materias y documentos, entra en **www.iberley.es** y accede a todas las funcionalidades profesionales:

CUADRO SIMBÓLICO DE FUNCIONALIDADES		
Funcionalidad	**En los libros Colex**	**En Iberley.es**
Preguntar sobre el contenido del libro	✓	✓
Solicitar explicaciones jurídicas	✓	✓
ChatBot integrado al contenido del libro	✓	✓
Consultas sobre otras materias	✗	✓
Análisis de documentos externos	✗	✓
Generación de escritos jurídicos	✗	✓
Traducción jurídica	✗	✓
Informes y resúmenes legales automáticos	✗	✓
Contratos, guías prácticas y emails para clientes	✗	✓
Estrategias judiciales y jurisprudencia instantánea	✗	✓

LOS PROCEDIMIENTOS DE GESTIÓN TRIBUTARIA

Exposición y análisis de los principales
procedimientos de gestión tributaria

LOS PROCEDIMIENTOS DE GESTIÓN TRIBUTARIA

Exposición y análisis de los principales
procedimientos de gestión tributaria

EDICIÓN 2026

**Obra realizada por el Departamento de
Documentación de Iberley**

COLEX 2026

© Editorial Colex, S.L.
Calle Costa Rica, número 5, 3.º B (local comercial)
A Coruña, 15004, A Coruña (Galicia)
info@colex.es
www.colex.es

I.S.B.N.: 979-13-7011-637-8
Depósito legal: C 266-2026

SUMARIO

ANEXO.
CASOS PRÁCTICOS

0.
INTRODUCCIÓN

El procedimiento de gestión tributaria

Regulado en el capítulo III del título III de la Ley General Tributaria (LGT), el procedimiento de gestión tributaria tiene por objeto las actuaciones necesarias para la aplicación ordinaria y general de los tributos. En las formas de iniciación de este procedimiento podemos hacer referencia a tres: la autoliquidación, la solicitud del obligado tributario o el inicio de oficio por la Administración tributaria.

La ley regula múltiples procedimientos de gestión tributaria:

- El **procedimiento de devolución**: a través del cual el obligado tributario obtiene las devoluciones derivadas de la normativa del tributo, que se corresponden con las cantidades ingresadas o soportadas debidamente debido a la aplicación de los impuestos. Este procedimiento se rige según la normativa reguladora de cada tributo pudiendo iniciarse mediante una autoliquidación, una solicitud o la comunicación de datos.

- El **procedimiento iniciado mediante declaración**: en este procedimiento la liquidación se realiza por la Administración tributaria, la cual empleará los datos consignados por el obligado tributario en la propia declaración, así como cualquier otro que obre en su poder.

- El **procedimiento de verificación de datos**: este procedimiento se agota en el mero control formal de la declaración tributaria presentada y de la coincidencia, o no, con los datos en poder de la Administración o provenientes de otras declaraciones, no suponiendo el ejercicio de una actividad de comprobación en sentido estricto.

- El **procedimiento de comprobación de valores**: por medio de este procedimiento la Administración tributaria determinará el valor de las rentas, productos, bienes y demás elementos. La Administración no podrá realizar la comprobación si el obligado tributario hubiera declarado utilizando los valores publicados por la Administración actuante en aplicación de alguno de los medios previstos en el artículo 57 de la LGT.

- El **procedimiento de comprobación limitada**: en este caso la Administración tributaria podrá comprobar los hechos, actos, elementos, actividades, explotaciones y demás circunstancias determinantes de la obligación tributaria.

Además de los procedimientos de gestión a los que nos hemos referido también debemos hacer referencia los que se regulan reglamentariamente de conformidad con el apartado 2 del artículo 123 de la LGT. Estos procedimientos tienen su regulación en el título IV del Reglamento General de actuaciones y procedimientos de gestión e inspección tributaria y de desarrollo de las normas comunes de los procedimientos de aplicación de los tributos (en adelante, RGAT). En este reglamento además de desarrollarse la regulación de los procedimientos previstos en la LGT, se han regulado otros procedimientos de gestión tributaria, entre los que se encuentran:

- El **procedimiento para la rectificación de autoliquidaciones, declaraciones, comunicaciones de datos y solicitudes de devolución**.

- El **procedimiento para la ejecución de las devoluciones tributarias**: cuando se haya reconocido el derecho a una devolución derivada de la normativa del tributo o a una devolución de ingresos indebidos, se procederá a la ejecución de la devolución procediendo de oficio el órgano competente.

- El **procedimiento para el reconocimiento de beneficios fiscales de carácter rogado**: este procedimiento se inicia mediante solicitud dirigida al órgano competente. La comprobación de los requisitos para el reconocimiento del beneficio fiscal se realizará de acuerdo con los datos y documentos que se exijan en la normativa que lo regule y los datos que declaren o suministren terceras personas o que pueda obtener la Administración.

- El **procedimiento de inclusión en el sistema de cuenta corriente en materia tributaria**: los obligados tributarios que cumplan los requisitos para que se les aplique el régimen de cuenta corriente tributario deberán solicitarlo a la Agencia Estatal de Administración Tributaria. La solicitud se realiza mediante un modelo oficial.

- Las **actuaciones y procedimientos de comprobación de obligaciones formales**: entre las que se encuentran la comprobación censal; la comprobación del domicilio fiscal; el control de presentación de declaraciones, autoliquidaciones y comunicaciones de datos; y, finalmente, el control de otras obligaciones formales.

1.
NORMAS COMUNES EN LOS PROCEDIMIENTOS TRIBUTARIOS

Regulación común en los procedimientos tributarios

Las normas comunes en los procedimientos tributarios en España están reguladas principalmente por la Ley 58/2003, de 17 de diciembre, General Tributaria (LGT). En particular, el **capítulo II,** del título III de la LGT regula las normas que han de regir los procedimientos de aplicación de los tributos regulados en el título III de la ley, esto es, los procedimientos de gestión, inspección y recaudación.

La Ley General Tributaria recoge exclusivamente las especialidades que presentan los procedimientos tributarios respecto a las disposiciones generales sobre procedimiento administrativo, que serán de aplicación salvo lo expresamente previsto en las normas tributarias. La **disposición adicional 1.ª de la LPAC** establece en este sentido que las disposiciones de esta ley regirán **supletoriamente** en defecto de norma tributaria aplicable.

- Los procedimientos de **gestión e inspección** se rigen por el Real Decreto 1065/2007, de 27 de julio, por el que se aprueba el Reglamento General de las actuaciones y los procedimientos de gestión e inspección tributaria y de desarrollo de las normas comunes de los procedimientos de aplicación de los tributos.

- El de **apremio** por el Real Decreto 939/2005, de 29 de julio, por el que se aprueba el Reglamento General de Recaudación.

- El **procedimiento sancionador** en materia tributaria se rige por las normas especiales contenidas en el título IV (artículo 207 de la LGT), por el Real Decreto 2063/2004, de 15 de octubre, por el que se aprueba el Reglamento general del régimen sancionador tributario, y supletoriamente por las generales del procedimiento administrativo sancionador establecidas en la LPAC (artículos 53, 56, 77 y 85).

Las **especialidades** más significativas que presentan los procedimientos tributarios en las distintas fases son las siguientes:

- En la **fase de iniciación**, el procedimiento puede instarse de oficio o por el obligado tributario, mediante las modalidades de autoliquidación, declaración, comunicación, solicitud o por cualquier medio previsto en la normativa tributaria (artículo 98 de la LGT). El interés público que subyace en la represión del fraude fiscal lleva a admitir la denuncia pública en el artículo 114 de la LGT.

- En la **fase de desarrollo**, en el procedimiento tributario, a diferencia de lo establecido con carácter general en el artículo 82 de la LPAC, podrá prescindirse del trámite de audiencia previo a la propuesta de resolución (artículo 99.8 de la LGT), cuando se suscriban actas con acuerdo o cuando puedan formularse alegaciones después de la propuesta de resolución. También presenta singularidad la práctica de la prueba (artículo 99.6 de la LGT), no resultando necesaria la apertura de un período específico ni la comunicación previa de las actuaciones a los interesados (a diferencia de los artículos 77.2 y 78 de la LPAC).

- La falta de **resolución** en plazo presenta ciertamente especialidades respecto del procedimiento administrativo común. En lo demás se contemplan las causas generales de terminación del procedimiento, con la singularidad de la terminación convencional mediante las actas con acuerdo.

Según lo señalado por el artículo 97 de la LGT, las **actuaciones y procedimientos de aplicación de los tributos** se regularán:

- Por las normas especiales establecidas en la Ley General Tributaria y la normativa reglamentaria dictada en su desarrollo, así como por las normas procedimentales recogidas en otras Leyes tributarias y en su normativa reglamentaria de desarrollo.

- Supletoriamente, por las disposiciones generales sobre los procedimientos administrativos.

También resulta interesante el título III del RGAT, dedicado a los principios y disposiciones generales de la aplicación de los tributos, especialmente el capítulo III, titulado «Normas comunes sobre actuaciones y procedimientos tributarios».

A TENER EN CUENTA. En cuanto a los procedimientos especiales de revisión hay que atender a las normas especiales establecidas en los artículos 213 y ss. de la LGT y por el Reglamento General de Revisión en Vía Administrativa (Real Decreto 520/2005, de 13 de mayo).

1.1. Principios generales en la aplicación de los tributos

La aplicación de los tributos: aproximación a los principios generales

Los artículos 83 a 96 de la Ley General Tributaria (LGT) regulan aspectos fundamentales relacionados con la aplicación de los tributos, la información y asistencia a los obligados tributarios, y el deber de colaboración. Antes de adentrarnos en las normas comunes sobre actuaciones y procedimientos tributarios, conviene destacar determinados aspectos y principios generales de la aplicación de los tributos.

‖ Competencia y ámbito de aplicación de los tributos

El artículo 83 de la LGT establece el ámbito de aplicación de los tributos, señalando que comprende todas las actividades administrativas dirigidas a la información y asistencia a los obligados tributarios, así como a la gestión, inspección y recaudación. Además, incluye las actuaciones de los obligados tributarios en el ejercicio de sus derechos y el cumplimiento de sus obligaciones tributarias y también el ejercicio de las actividades administrativas y de las actuaciones de los obligados que se realicen en el marco de la asistencia mutua.

Este artículo también señala que las funciones de aplicación de los tributos deben ejercerse de forma separada de la resolución de las reclamaciones económico-administrativas que se interpongan contra los actos dictados por la Administración tributaria, garantizando la independencia en los procedimientos.

CUESTIÓN

¿Cómo se desarrolla la aplicación de los tributos?

Se desarrollará a través de los siguientes procedimientos:

– De gestión.

– De inspección.

– De recaudación.

– Otros procedimientos previstos en el título III de la LGT.

Por otra parte, se complementa esta regulación al establecer que corresponde a cada Administración tributaria determinar su estructura administrativa para el ejercicio de la aplicación de los tributos.

En cuanto a la **competencia territorial** en la aplicación de los tributos, el artículo 84 de la LGT establece que se atribuirá al órgano que se determine por la Administración tributaria, en desarrollo de sus facultades de organización, a través de una disposición que deberá ser objeto de publicación en el boletín oficial correspondiente. En el caso de que no exista una disposición expresa, se atribuirá la competencia al órgano funcional inferior en cuyo ámbito territorial radique el domicilio fiscal del obligado tributario. Conviene destacar aquí la **STS n.º 1487/2024, de 23 de septiembre, ECLI:ES:TS:2024:4703**, en la que se analiza ampliamente el citado artículo, su desarrollo y sus implicaciones, afirmando que el artículo 84 de la LGT no fija un mapa cerrado de competencias territoriales, sino que remite a la propia Administración tributaria la determinación de la estructura y de la competencia territorial, mediante normas de organización que deben publicarse oficialmente, estableciendo como criterio supletorio que en defecto de disposición expresas, la competencia territorial corresponde al órgano en cuyo ámbito se sitúe el domicilio fiscal del obligado tributario. La sentencia subraya que esta flexibilidad organizativa (autoorganización) debe ir unida a un fuerte autocontrol: publicidad de las normas, transparencia, motivación y respeto a los derechos del contribuyente.

‖ Información y asistencia a los obligados tributarios

La LGT dedica varios artículos a garantizar la información y asistencia a los obligados tributarios. En este sentido, el artículo 85 de la LGT establece que la Administración tributaria debe proporcionar información y asistencia sobre sus derechos y obligaciones. Esto incluye:

- La publicación de textos actualizados de las normas tributarias y de la doctrina administrativa de más trascendencia.
- Las comunicaciones y actuaciones de información realizadas por los servicios destinados a tal efecto en los órganos de la Administración tributaria.
- Las contestaciones a consultas escritas.
- Las actuaciones previas de valoración.
- La asistencia a los obligados en la realización de declaraciones, auto-liquidaciones y comunicaciones tributarias.

CUESTIÓN

¿Qué son las consultas tributarias escritas y cuáles son sus efectos según los artículos 88 y 89 de la Ley General Tributaria?

Las consultas tributarias escritas permiten a los obligados tributarios y a ciertas entidades formular preguntas a la Administración tributaria sobre el régimen, clasificación o calificación tributaria que les corresponda, siempre que se presenten antes de los plazos establecidos para cumplir con sus obligaciones tributarias. Estas consultas deben cumplir requisitos reglamentarios y son respondidas por los órganos competentes en un plazo de seis meses, sin que la falta de respuesta implique aceptación de los criterios expresados en la consulta.

Las respuestas a estas consultas tienen efectos vinculantes para la Administración tributaria en relación con el consultante, siempre que no se modifique la legislación o jurisprudencia aplicable y no se alteren las circunstancias del caso. Además, los criterios expresados en las respuestas pueden aplicarse a otros obligados tributarios en casos de identidad de hechos y circunstancias. Sin embargo, estas respuestas no interrumpen los plazos tributarios ni son recurribles, aunque sí lo son los actos administrativos posteriores que se basen en ellas.

‖ La colaboración en la aplicación de los tributos

El artículo 92 de la LGT establece el deber de colaboración de los obligados tributarios con la Administración, disponiendo en su primer apartado que: «*Los interesados podrán colaborar en la aplicación de los tributos en los términos y condiciones que reglamentariamente se determinen*».

Especialmente relevante resulta lo dispuesto en el artículo 93 de la LGT que regula las obligaciones de información y señala que tanto las personas físicas y jurídicas, como las mencionadas en el artículo 35.4 de la LGT (las herencias yacentes, comunidades de bienes y demás entidades que, carentes de personalidad jurídica, constituyan una unidad económica o un patrimonio separado susceptible de imposición), están obligadas a proporcionar a la Administración tributaria los datos, informes, antecedentes y justificantes con trascendencia tributaria relacionados con el cumplimiento de sus propias obligaciones tributarias o deducidos de sus relaciones económicas, profesionales o financieras con otras personas.

La LGT contiene un listado de obligaciones de información para determinados obligados que consisten en:

- Los retenedores y los obligados a realizar ingresos a cuenta deberán presentar relaciones de los pagos dinerarios o en especie realizados a otras personas o entidades.

- Las sociedades, asociaciones, colegios profesionales u otras entidades que, entre sus funciones, realicen la de cobro de honorarios profesionales o de derechos derivados de la propiedad intelectual, industrial, de autor u otros por cuenta de sus socios, asociados o colegiados, deberán comunicar estos datos a la Administración tributaria.

- Las personas o entidades, incluidas las bancarias, crediticias o de mediación financiera en general que, legal, estatutaria o habitualmente, realicen la gestión o intervención en el cobro de honorarios profesionales o en el de comisiones, por las actividades de captación, colocación, cesión o mediación en el mercado de capitales deberán comunicar dichos datos a la Administración tributaria.

- Las personas o entidades depositarias de dinero en efectivo o en cuentas, valores u otros bienes de deudores a la Administración tributaria en período ejecutivo estarán obligadas a informar a los órganos de recaudación y a cumplir los requerimientos efectuados por los mismos en el ejercicio de sus funciones.

- Las personas y entidades que, por aplicación de la normativa vigente, conocieran o estuvieran en disposición de conocer la identificación de los beneficiarios últimos de las acciones deberán cumplir ante la Administración tributaria con los requerimientos u obligaciones de información que reglamentariamente se establezcan respecto a dicha identificación.

- Las personas jurídicas o entidades deberán comunicar a la Administración tributaria la identificación de los titulares reales de las mismas.

Por su parte, el artículo 94 de la LGT regula los deberes de informar y colaborar de determinadas autoridades, de partidos políticos, sindicatos, juzgados y tribunales...

La obligación de informar del artículo 93 de la LGT se desarrolla en el RGAT, concretamente en su capítulo V, del título II, dedicado precisamente a las obligaciones de información.

RESOLUCIÓN RELEVANTE

Sentencia del Tribunal Supremo n.º 1766/2023, de 21 de diciembre, ECLI:ES:TS:2023:5872

Asunto: carácter autónomo del requerimiento de información.

«(...) en función de su objeto, cabe distinguir requerimientos individualizados de obtención de información que versan sobre las propias obligaciones tributarias del requerido, de aquellos otros en los que el requerimiento se refiere a datos no del propio requerido sino de terceros con los que aquel ha mantenido relaciones económicas, profesionales o financieras.

Pues bien, aunque el precepto únicamente parece reconocer el carácter autónomo (es decir, fuera de un procedimiento de aplicación de los tributos) del requerimiento individualizado dirigido a terceros, cabe entender que también los dirigidos al obligado tributario pueden realizarse fuera del procedimiento de comprobación o investigación pues, en ningún caso, suponen el inicio de dicho procedimiento.

Por tanto, en función del momento en que se formulen, los requerimientos individualizados de obtención de información pueden efectuarse con carácter previo a la iniciación de los procedimientos de aplicación de los tributos o formularse en el curso de un procedimiento ya iniciado, distinción que, aparte de la relevancia que entraña por lo que se refiere al régimen de impugnación (constituir o no un acto de trámite), incide, directamente, sobre el plazo del que dispone la Administración para realizar una actuación con trascendencia tributaria y, en definitiva, para acotar el régimen jurídico de la caducidad».

El carácter reservado de los datos tributarios y la publicidad de determinados incumplimientos

El artículo 95 de la Ley General Tributaria (LGT) establece el carácter reservado de los datos obtenidos por la Administración tributaria en el desempeño de sus funciones. Dichos datos solo pueden ser utilizados para la aplicación efectiva de los tributos o recursos cuya gestión tenga encomendada y para la imposición de sanciones que procedan. La cesión o comunicación de estos datos a terceros está prohibida, salvo en los casos tasados que se mencionan en el propio artículo, como, por ejemplo, la colaboración con órganos jurisdiccionales y el Ministerio Fiscal en la investigación de delitos graves (artículo 95.1.a de la LGT) o la colaboración con Administraciones públicas para el desarrollo de sus funciones, previa autorización de los obligados tributarios (artículo 95.1.k de la LGT).

La jurisprudencia confirma que este régimen busca concretar los principios del régimen general de protección de datos, dotando de carácter reservado a la información tributaria. La cesión de datos solo es válida si se ajusta a los fines tributarios mencionados en la norma o a los supuestos de interés público tasados en el artículo 95.1. Además, en casos de cesión para fines no tributarios, se requiere la autorización expresa del interesado. Por ejemplo, el RGAT, aprobado por el Real Decreto 1065/2007, de 27 de julio, exige que las Administraciones públicas que soliciten datos tributarios por medios electrónicos, informáticos y telemáticos, identifiquen claramente los datos requeridos, sus titulares, la finalidad de la solicitud y cuenten con el consentimiento expreso de los afectados o la autorización correspondiente. En este sentido podemos citar la **STS n.º 643/2025, de 27 de** mayo, **ECLI:ES:TS:2025:2435**, en la que se concluye que: «(...) *si una Administración, para el ejercicio de las funciones que le son propias, solicita de la AEAT la cesión de datos tributarios, tal cesión será con fines tributarios; ahora bien, si es para el ejercicio de otras potestades ajenas a las tributarias y no hay una norma legal que lo prevea, deberá contar con la previa autorización del interesado. Por tanto, el acto dictado con base en unos datos tributarios cedidos será conforme a Derecho si la cesión respeta las reglas del artículo 95.1 de la LGT*».

Relacionado con este carácter reservado se encuentra el artículo 95 bis de la LGT que faculta a la Administración tributaria a publicar periódicamente un **listado de los deudores a la Hacienda pública**. Este consiste en una publicación periódica de listados comprensivos de deudores a la Hacienda pública, incluidos los que tengan la condición de deudores al haber sido declarados responsables solidarios, por deudas o sanciones tributarias cuando concurran las circunstancias reguladas en el mentado artículo 95 bis de la LGT (deudas y sanciones superiores a 600.000 euros que no hubiesen sido pagadas en periodo voluntario).

1.2. Fases de los procedimientos tributarios

Las fases en el procedimiento tributario

Los procedimientos tributarios en España se estructuran en tres fases principales: iniciación, desarrollo y terminación. Así lo recoge la Ley General Tributaria que dedica sus artículos 98 a 100 a analizar cada una de estas fases y sus particularidades.

‖ Iniciación de los procedimientos tributarios

El artículo 98 de la LGT dispone que los procedimientos tributarios podrán iniciarse de los siguientes modos:

- De oficio.
- A instancia del obligado tributario:
  - » Mediante autoliquidación.
  - » Mediante declaración.
  - » Mediante comunicación.
  - » Mediante solicitud.
- O por cualquier otro medio previsto en la normativa tributaria.

La Administración tributaria podrá aprobar modelos y sistemas normalizados de autoliquidaciones, declaraciones, comunicaciones, solicitudes o cualquier otro medio previsto en la normativa tributaria, y los pondrá a disposición de los obligados tributarios.

En el ámbito de competencias del Estado, el ministro o la ministra de Hacienda podrá determinar los supuestos y condiciones en los que los obligados tributarios deberán presentar por **medios telemáticos** sus declaraciones, autoliquidaciones, comunicaciones, solicitudes y cualquier otro documento con trascendencia tributaria.

> **A TENER EN CUENTA**. El artículo 114 de la LGT reconoce otro modo de iniciarse el procedimiento: la denuncia pública. En este sentido señala que mediante denuncia pública podrán ponerse en conocimiento de la Administración tributaria hechos o situaciones que puedan ser constitutivos de infracciones tributarias o tener trascendencia para la aplicación de los tributos, y regula los pasos a seguir por la Administración tras la recepción de la denuncia.

CUESTIONES

1. ¿Qué debe de incluirse en los documentos de iniciación de las actuaciones y procedimiento?

En todo caso, deberán incluirse:

- El nombre y apellidos, o razón social del obligado tributario.
- El número de identificación fiscal del obligado tributario.
- En su caso, los mismos datos de la persona que lo represente.

2. Si se constata un error en uno de estos datos, por ejemplo el NIF, ¿puede rectificarse en el mismo procedimiento o debe iniciarse uno nuevo?

Para dar respuesta a esta cuestión podemos citar la **sentencia del Tribunal Superior de Justicia de Murcia n.º 163/2025, de 14 de abril, ECLI:ES:TSJMU:2025:1582**, en la que no consideran procedente un nuevo expediente para subsanar este error:

«Es cierto que, conforme el artículo 98.2 de la Ley General Tributaria, los documentos de iniciación de las actuaciones y procedimientos tributarios deberán incluir, en todo caso, el nombre y apellidos o razón social y el número de identificación fiscal del obligado tributario y, en su caso, de la persona que lo represente y, que en este supuesto se produjo un error en el acuerdo de inicio.

Igualmente, que el error en cuanto al NIF del declarado responsable subsidiario pudiera constituir un error que cabría calificar de hecho y que, de acuerdo con el artículo 109.2 de la LRJPAC puede, de oficio, rectificarse en cualquier momento.

(...)

Sin embargo, esta Sala no considera que, en realidad, estuviera justificada la incoación de este segundo expediente sobre la base de un mero error de hecho en el número del NIF de uno de los miembros del Consejo de Administración frente a los que se dirige, pues ello es contrario al principio de buena administración, ya que, en otro caso, se estaría amparando la posibilidad de incoar sucesivos expedientes en tanto no estuviera prescrito el derecho a reclamar y subsanar cuantas deficiencias se pudieran producir en el seno de este».

En el caso de la **iniciación de oficio**, el artículo 87 del RGAT dispone que requerirá acuerdo del órgano competente para su inicio:

- Por propia iniciativa.
- Como consecuencia de orden superior.
- A petición razonada de otros órganos.

El inicio del procedimiento se lleva a cabo mediante la comunicación notificada al obligado tributario o mediante personación. Además, el RGAT aclara que podrá iniciarse directamente con la notificación de la propuesta de resolución o de liquidación, cuando así estuviera previsto.

La comunicación de inicio contendrá, en su caso, los siguientes datos:

- Lugar y fecha de su expedición.
- Nombre y apellidos o razón social o denominación completa y número de identificación fiscal de la persona o entidad a la que se dirige.
- Lugar al que se dirige.
- Hechos o circunstancias que se comunican o contenido del requerimiento que se realiza mediante la comunicación.
- Órgano que la expide y nombre, apellidos y firma de la persona que la emite.
- Procedimiento que se inicia.
- Objeto del procedimiento con indicación expresa de las obligaciones tributarias o elementos de las mismas y, en su caso, períodos impositivos o de liquidación o ámbito temporal.
- Requerimiento que, en su caso, se formula al obligado tributario y plazo que se concede para su contestación o cumplimiento.
- Efecto interruptivo del plazo legal de prescripción.
- En su caso, la propuesta de resolución o de liquidación cuando la Administración cuente con la información necesaria para ello.
- En su caso, la indicación de la finalización de otro procedimiento de aplicación de los tributos, cuando dicha finalización se derive de la comunicación de inicio del procedimiento que se notifica.

El obligado tributario tendrá un plazo no inferior a 10 días para comparecer y aportar la documentación requerida y la que considere conveniente, así como para realizar las alegaciones que estime oportunas (con la excepción de los supuestos en que la iniciación se produzca mediante personación).

CUESTIÓN

Una vez iniciado el procedimiento de oficio, ¿qué ocurre con las declaraciones presentadas por el obligado tributario relacionadas con las obligaciones y períodos objeto del propio procedimiento?

El apartado 5 del artículo 87 del RGAT da respuesta a esta cuestión al señalar:

«Las declaraciones o autoliquidaciones tributarias que presente el obligado tributario una vez iniciadas las actuaciones o procedimientos, en relación con las obligaciones tributarias y períodos objeto de la actuación o procedimiento, en ningún caso iniciarán un procedimiento de devolución ni producirán los efectos previstos en los artículos 27 y 179.3 de la Ley 58/2003, de 17 de diciembre, General Tributaria, sin perjuicio de que en la liquidación que, en su caso, se practique se pueda tener en cuenta la información contenida en dichas declaraciones o autoliquidaciones.

Asimismo, los ingresos efectuados por el obligado tributario con posterioridad al inicio de las actuaciones o procedimientos, en relación con las obligaciones tribu-

tarias y períodos objeto del procedimiento, tendrán carácter de ingresos a cuenta sobre el importe de la liquidación que, en su caso, se practique, sin que esta circunstancia impida la apreciación de las infracciones tributarias que puedan corresponder. En este caso, no se devengarán intereses de demora sobre la cantidad ingresada desde el día siguiente a aquel en que se realizó el ingreso».

Cuando el **procedimiento se inicie a instancia del obligado tributario** hay que atender a lo dispuesto en el artículo 88 del RGAT que contempla que podrá realizarse mediante autoliquidación, declaración, comunicación de datos, solicitud o cualquier otro medio previsto en la normativa aplicable, que podrán ser presentados en papel o por medios electrónicos, informáticos y telemáticos.

En el caso de que se inicie mediante solicitud, se exige que esta contenga como mínimo:

- Nombre y apellidos o razón social o denominación completa, número de identificación fiscal del obligado tributario y, en su caso, del representante.
- Hechos, razones y petición en que se concrete la solicitud.
- Lugar, fecha y firma del solicitante o acreditación de la autenticidad de su voluntad expresada por cualquier medio válido en derecho.
- Órgano al que se dirige.
- La documentación acreditativa de la representación, en el caso de que se actúe mediante representante.
- Puede incluirse domicilio a efectos de notificaciones.

Si no contuviese alguno de estos datos se requerirá al interesado para que en un plazo de 10 días subsane la falta o acompañe los documentos preceptivos, indicándole que si así no lo hiciera se le tendrá por desistido y se procederá al archivo sin más trámite.

RESOLUCIÓN ADMINISTRATIVA

Consulta vinculante (V2269-18), de 1 de agosto de 2018

Asunto: Competencia para aprobar modelos de declaración, autoliquidación y comunicación.

«El citado precepto [artículo 98 de la LGT] es objeto de desarrollo por parte del artículo 117 del Reglamento General de las actuaciones y los procedimientos de gestión e inspección tributaria y de desarrollo de las normas comunes de los procedimientos de aplicación de los tributos, aprobado por el Real Decreto 1065/2007, de 27 de julio, el cual establece en su apartado 1 lo siguiente:

*"1. A efectos de lo previsto en el artículo 98.3 de la Ley 58/2003, de 17 de diciembre, General Tributaria, en el **ámbito de competencias del Estado**, los modelos de declaración, autoliquidación y comunicación de datos se aprobarán por el **Ministro de Economía y Hacienda**, que establecerá la forma, lugar y plazos de su presentación y, en su caso, del ingreso de la deuda tributaria, así como los supuestos y condiciones de presentación por medios electrónicos, informáticos y telemáticos.*

Asimismo, podrá aprobar la utilización de modalidades simplificadas o especiales de declaración, autoliquidación o comunicación de datos y los supuestos en los que los datos consignados se entenderán subsistentes para periodos sucesivos, si el contribuyente no comunica variación en los mismos.".

*Por tanto, en el **ámbito de las competencias propias de las Entidades Locales**, todo lo señalado anteriormente deberá **ajustarse a lo dispuesto en la normativa propia y específica que regula la gestión de los tributos locales***».

|| El desarrollo de las actuaciones y procedimientos tributarios

En el desarrollo de las actuaciones y procedimientos tributarios, la Administración facilitará en todo momento a los obligados tributarios el ejercicio de los derechos y el cumplimiento de sus obligaciones:

- Los obligados tributarios pueden rehusar la presentación de los documentos que no resulten exigibles por la normativa tributaria y de aquellos que hayan sido previamente presentados por ellos mismos y que se encuentren en poder de la Administración tributaria actuante. En todo caso, podrá requerirse al interesado que ratifique datos específicos propios o de terceros que hubiesen sido aportados previamente.

- Los obligados tributarios tienen derecho a que se les expida certificación de las autoliquidaciones, declaraciones y comunicaciones que hayan presentado o de extremos concretos contenidos en las mismas.

- El obligado que sea parte en una actuación o procedimiento tributario podrá obtener a su costa copia de los documentos que figuren en el expediente, salvo que afecten a intereses de terceros o a la intimidad de otras personas o que así lo disponga la normativa vigente. Las copias se facilitarán en el trámite de audiencia o, en defecto de éste, en el de alegaciones posterior a la propuesta de resolución.

- El acceso a los registros y documentos que formen parte de un expediente concluido a la fecha de la solicitud y que obren en los archivos administrativos únicamente podrá ser solicitado por el obligado tributario que haya sido parte en el procedimiento tributario.

CUESTIONES

1. ¿Cuándo pueden llevarse a cabo las actuaciones?

A la hora de establecer el lugar y horario de las actuaciones el artículo 90 del RGAT diferencia tres supuestos:

- Si las actuaciones se realizan en oficinas públicas se llevarán a cabo dentro del horario oficial de apertura al público y, en todo caso, dentro de la jornada de trabajo.

- Si por el contrario se desarrollan en los locales del obligado tributario deberá respetarse la jornada laboral de oficina o de la actividad que se realice en ellos, salvo que exista consentimiento del obligado tributario.

- Si existiese una autorización judicial para la entrada en el domicilio del obligado tributario constitucionalmente protegido, las actuaciones se ajustarán a lo que disponga dicha autorización en relación con la jornada y el horario para realizarlas.

2. ¿Pueden ampliarse los plazos de tramitación?

Sí, el artículo 91 del RGAT recoge la posibilidad de que el órgano a quien corresponda la tramitación del procedimiento pueda conceder una ampliación de los plazos de tramitación, a petición de los obligados tributarios. No podrá exceder de la mitad de dicho plazo ni concederse más de una ampliación. Para otorgarla se exigen 3 requisitos:

- Que se solicite con anterioridad a los tres días previos a la finalización del plazo que se pretende ampliar.

- Que se justifique la concurrencia de circunstancias que lo aconsejen.

- Que no se perjudiquen derechos de terceros.

Además, hay que destacar que esta ampliación se entenderá automáticamente concedida por la mitad del plazo inicialmente fijado con la presentación en plazo de la solicitud, salvo que se notifique de forma expresa la denegación antes de la finalización del plazo que se pretenda ampliar, y si la concesión de la ampliación es expresa podrá establecerse un plazo de ampliación distinto e inferior.

3. ¿Tienen los obligados tributarios derecho a acceder a los registros y documentos del expediente?

Sí, y en este sentido conviene destacar los siguientes artículos del RGAT:

- Artículo 94 del RGAT: Regula el acceso a archivos y registros administrativos.

- Artículo 95 del RGAT: Dedicado a la obtención de copias y sus condiciones.

| La práctica de la prueba

A diferencia de lo que ocurre en el procedimiento administrativo común, en los procedimientos tributarios no se exige la apertura de un período específico ni la comunicación previa de las actuaciones a los interesados para la práctica de la prueba.

Tal y como señala el **Tribunal Supremo en su auto, rec. n.º 5958/2023, de 29 de mayo de 2024, ECLI:ES:TS:2024:6252A**, con relación al procedimiento sancionador: «*Es cierto que la normativa reguladora del procedimiento sancionador tributario posee determinadas singularidades respecto del régimen común. Entre otras, no se prevé la apertura de un periodo específico de prueba (art. 99.6 LGT, por remisión del art. 207.b) y 210.1 LGT) y se permite que se incorpore al acuerdo de inicio del procedimiento la propuesta de imposición sanción cuando se encuentren en poder del órgano competente todos los elementos que permitan fundar, a su juicio, dicha propuesta (art. 210.5 LGT)*».

| La documentación de las actuaciones

Las actuaciones de la Administración tributaria en los procedimientos de aplicación de los tributos se documentarán en comunicaciones, diligencias, informes y otros documentos previstos en la normativa específica de cada procedimiento.

El apartado 7 del artículo 99 de la LGT nos facilita las definiciones de:

- **Comunicaciones:** son los documentos a través de los cuales la Administración notifica al obligado tributario el inicio del procedimiento u otros hechos o circunstancias relativos al mismo o efectúa los requerimientos que sean necesarios a cualquier persona o entidad. Las comunicaciones podrán incorporarse al contenido de las diligencias que se extiendan. Deberán contener, como mínimo:

» Lugar y fecha de su expedición.

» Nombre y apellidos o razón social o denominación completa y número de identificación fiscal de la persona o entidad a la que se dirige.

» Lugar al que se dirige.

» Hechos o circunstancias que se comunican o contenido del requerimiento que se realiza mediante la comunicación.

» Órgano que la expide y nombre y apellidos y firma de la persona que la emite.

» En el caso de que sirva para notificar el inicio de una actuación o procedimiento también deberá incluir el contenido previsto en el artículo 87.3 del RGAT.

• **Diligencias:** son los documentos públicos que se extienden para hacer constar hechos, así como las manifestaciones del obligado tributario o persona con la que se entiendan las actuaciones. Las diligencias no podrán contener propuestas de liquidaciones tributarias. Como mínimo, las diligencias contendrán:

» Lugar y fecha de su expedición.

» Nombre, apellidos y firma de la persona al servicio de la Administración tributaria interviniente.

» Nombre, apellidos, número de identificación fiscal y firma de la persona con la que, en su caso, se entiendan las actuaciones, así como el carácter o representación con el que interviene.

» Nombre y apellidos o razón social o denominación completa y número de identificación fiscal del obligado tributario al que se refieren las actuaciones.

» Procedimiento o actuación en cuyo curso se expide.

» Hechos y circunstancias que se hagan constar.

» Las alegaciones o manifestaciones con relevancia tributaria realizadas, en su caso, por el obligado tributario, entre las que deberá figurar la conformidad o no con los hechos y circunstancias que se hacen constar.

Además, en las mismas, también podrá hacerse constar:

» La iniciación de la actuación o procedimiento y las comunicaciones y requerimientos que se efectúen a los obligados tributarios.

» Los resultados de las actuaciones de obtención de información.

» La adopción de medidas cautelares en el curso del procedimiento y la descripción de estas.

» Los hechos resultantes de la comprobación de las obligaciones.

» La representación otorgada mediante declaración en comparecencia personal del obligado tributario ante el órgano administrativo competente.

» Los hechos y circunstancias determinantes de la iniciación de otro procedimiento o que deban ser incorporados en otro ya iniciado.

- **Informes:** son documentos emitidos por los órganos de la Administración tributaria, de oficio o a petición de terceros, en aquellos supuestos en los que sean preceptivos conforme al ordenamiento jurídico, los soliciten otros órganos y servicios de las Administraciones públicas o los poderes legislativo y judicial, en los términos previstos por las Leyes, y cuando resulten necesarios para la aplicación de los tributos. En particular, el artículo 100 del RGAT, dispone que deberá emitirse informe por los órganos de aplicación de los tributos en dos supuestos:

  » Cuando se complementen las diligencias que recojan hechos o conductas que pudieran ser constitutivos de infracciones tributarias y no corresponda al mismo órgano la tramitación del procedimiento sancionador.

  » Cuando se aprecien indicios de delito contra la Hacienda pública y se remita el expediente al órgano judicial competente o al Ministerio Fiscal

| **Trámite de audiencia y alegaciones**

Durante el trámite de audiencia se pondrá de manifiesto al obligado tributario el expediente, que incluirá:

- Las actuaciones realizadas.
- Todos los elementos de prueba que obren en poder de la Administración.
- Los informes emitidos por otros órganos.
- Además, se incorporarán las alegaciones y los documentos que los obligados tributarios tienen derecho a presentar en cualquier momento anterior al trámite de audiencia, que serán tenidos en cuenta por los órganos competentes al redactar la correspondiente propuesta de resolución o de liquidación.

En los procedimientos tributarios se podrá prescindir del trámite de audiencia previo a la propuesta de resolución cuando:

- Se suscriban actas con acuerdo.
- Cuando en las normas reguladoras del procedimiento esté previsto un trámite de alegaciones posterior a dicha propuesta. El expediente se pondrá de manifiesto en el trámite de alegaciones.
- El artículo 96 del RGAT añade otro supuesto en el que se puede prescindir del trámite de audiencia, o en su caso del plazo para formular alegaciones, cuando no figuren en el procedimiento ni sean tenidos en cuenta en la resolución otros hechos ni otras alegaciones y pruebas que las presentadas por el interesado.

Cuando se prescinda del trámite de audiencia por estar previsto un trámite de alegaciones posterior a la propuesta de resolución o de liquidación, la Administración tributaria deberá notificar al obligado dicha propuesta para que efectúe las alegaciones que considere oportunas.

Este trámite de alegaciones no podrá tener una duración inferior a 10 días ni superior a 15. Cuando antes del vencimiento del plazo de audiencia o, en su caso, de alegaciones, el obligado tributario manifestase su decisión de no efectuar alegaciones ni aportar nuevos documentos ni justificantes, se tendrá por realizado el trámite y se dejará constancia en el expediente de dicha circunstancia.

El Real Decreto-Ley 22/2020, de 16 de junio, añadió un nuevo apartado 9 al artículo 99 de la LGT, vigente desde el 17 de junio de 2020, en el que se regula la posibilidad de que las actuaciones de la Administración y de los obligados tributarios en los procedimientos de aplicación de los tributos puedan realizarse a través de sistemas digitales que, mediante la videoconferencia u otro sistema similar, permitan la comunicación bidireccional y simultánea de imagen y sonido, la interacción visual, auditiva y verbal entre los obligados tributarios y el órgano actuante, y garanticen la transmisión y recepción seguras de los documentos que, en su caso, recojan el resultado de las actuaciones realizadas, asegurando su autoría, autenticidad e integridad. El uso de estos sistemas se llevará a cabo cuando lo determine la Administración Tributaria, y requiere la conformidad del obligado tributario en relación con su uso y con la fecha y hora en la que se desarrolle.

A TENER EN CUENTA. Tras el trámite de audiencia no podrán incorporarse al expediente más documentos acreditativos de los hechos, salvo que se demuestre que fue imposible haberlos aportado antes de la finalización de dicho trámite.

RESOLUCIÓN RELEVANTE

Sentencia del Tribunal Superior de Justicia de Andalucía n.º 2086/2025, de 3 de octubre, ECLI:ES:TSJAND:2025:16039

Asunto: Prevalencia de la normativa tributaria sobre la Ley 39/2015.

«La Sala entiende que no es aplicable al caso de autos el invocado por la actora art. 28 de la Ley 39/2015 porque la normativa tributaria contiene también reglas relativas a la aportación de documentos por los contribuyentes y son las que deben ser observadas en el presente supuesto, concretamente los arts. 34 y 99 LGT.

El art. 34.1.h) establece en favor del contribuyente el Derecho a no aportar aquellos documentos ya presentados por ellos mismos y que se encuentren en poder de la Administración actuante, siempre que el obligado tributario indique el día y procedimiento en el que los presentó

Y el Artículo 99. Desarrollo de las actuaciones y procedimientos tributarios.

1. En el desarrollo de las actuaciones y procedimientos tributarios, la Administración facilitará en todo momento a los obligados tributarios el ejercicio de los derechos y el cumplimiento de sus obligaciones, en los términos previstos en los apartados siguientes.

2. Los obligados tributarios pueden rehusar la presentación de los documentos que no resulten exigibles por la normativa tributaria y de aquellos que hayan sido previamente presentados por ellos mismos y que se encuentren en poder de la Administración tributaria actuante. Se podrá, en todo caso, requerir al interesado la ratificación de datos específicos propios o de terceros, previamente aportados.

> *La ley 39/2015 rige el procedimiento administrativo común, y los procedimientos tributarios se rigen por la Ley General Tributaria, que a su vez se remite a la Ley 39/2015 para aspectos no previstos en su legislación específica., siendo aquélla derecho supletorio del Derecho Tributario conforme al art. 7.2 LGT*
>
> *En el ámbito tributario se suprime la referencia a "otras Administraciones" y se restringe "a la Administración actuante", así como debe tratarse de documentos y no de meros datos.*
>
> *Por tanto conforme a los preceptos de la LGT el obligado tributario podrá no aportar o rehusar la aportación de documentos cuando no resulten exigibles conforme a la normativa vigente o cuando ya hayan sido presentados por aquél y obren en poder de la Administración tributaria actuante».*

|| Terminación de los procedimientos tributarios

La Ley General Tributaria dedica su **artículo 100** a analizar la terminación de los procedimientos tributarios, y señala las formas en las que estos procedimientos se terminan:

- La **resolución**. Tendrá la consideración de resolución la contestación efectuada de forma automatizada por la Administración tributaria en aquellos procedimientos en que esté prevista esta forma de terminación.
- El **desistimiento**.
- La **renuncia** al derecho en que se fundamente la solicitud.
- La imposibilidad material de continuarlos por **causas sobrevenidas**.
- La **caducidad**.
- El **cumplimiento de la obligación** que hubiera sido objeto de requerimiento.
- Cualquier otra causa prevista en el ordenamiento tributario.

Con relación a la resolución, el artículo 101 del RGAT exige que la misma sea motivada en los supuestos que disponga la normativa aplicable, y aclara que decidirá todas las cuestiones planteadas propias de cada procedimiento y aquellas otras que se deriven de él.

La resolución deberá contener:

- Nombre y apellidos o razón social o denominación completa del obligado tributario.
- Número de identificación fiscal del obligado tributario.
- Fecha.
- Identificación del órgano que dicta la resolución.
- Identificación del derecho u obligación tributaria objeto del procedimiento.
- En su caso, los hechos y fundamentos de derecho que la motivan.
- Además, en el caso de que contenga una liquidación, incluirá, si precede, los intereses de demora correspondientes.

1.3. Liquidaciones tributarias provisionales o definitivas

Liquidaciones tributarias: concepto y tipos

En sentido amplio, la gestión tributaria comprende la función liquidatoria y la recaudatoria. La cuantificación de la deuda tributaria, compleja en ocasiones en tributos de cuota variable, constituye pues una de las actividades esenciales de la Administración tributaria.

Las liquidaciones tributarias son actos administrativos mediante los cuales la Administración tributaria determina el importe de la deuda tributaria o la cantidad que, en su caso, resulte a devolver o compensar, conforme a la normativa tributaria.

La concepción tradicional del procedimiento liquidatorio, basado en las cuatro fases de declaración, liquidación provisional, comprobación y liquidación definitiva, se encuentra ampliamente superada en un sistema tributario masivo; actualmente la cuantificación de la deuda puede ser realizada en muchos casos por el **propio obligado tributario** mediante la declaración-autoliquidación. Este nuevo fenómeno de socialización de la gestión tributaria se ve compensado con la asunción de funciones de comprobación e investigación por los órganos administrativos de gestión ante el mayor riesgo de fraude fiscal; paralelamente los órganos de inspección asumen funciones liquidadoras. Con ello se encuentra superada la tradicional distinción entre funciones gestoras de liquidación y funciones inspectoras de comprobación y liquidación, que ahora se delimitan en función del carácter masivo o individualizado de la correspondiente actuación administrativa.

La liquidación admite un **doble significado**:

- Como procedimiento de liquidación, comprende la serie de actividades precisas para la cuantificación de la deuda.

- En sentido estricto, equivale al acto administrativo de la liquidación del tributo.

En el sentido del **artículo 101 de la LGT**, es un acto resolutorio, realizado por el órgano competente de la Administración, mediante el cual realiza las operaciones de cuantificación necesarias y determina el importe de la deuda tributaria o de la cantidad que, en su caso resulte a devolver o a compensar de acuerdo con la normativa tributaria. En palabras de la DGT, en su consulta vinculante (V4779-16), de 10 de noviembre: «(...) *la liquidación tributaria puede calificarse como un acto administrativo resolutorio con el que, en su caso, finalizan los procedimientos de aplicación de los tributos*».

La liquidación tiene que ser **motivada**, con referencia a los hechos y fundamentos de derecho. Así lo establece el artículo 103.3 de la LGT, de acuerdo con la regla general establecida en el artículo 35 de la LPAC, bajo la sanción de nulidad. El acto liquidatorio deberá expresar, pues, los presupuestos y criterios que ha tenido en cuenta la Administración tributaria para cuantificar la prestación.

CUESTIÓN

¿Las autoliquidaciones realizadas por el propio contribuyente se incluyen en este concepto?

No, sólo las liquidaciones practicadas por la Administración tienen el carácter de acto administrativo; no así la autoliquidación del administrado (artículo 120 de la LGT), que, aunque supone la cuantificación de la prestación no constituye acto resolutorio. Por ello, la autoliquidación no es susceptible de impugnación, en cuanto en todo caso requiere un acto administrativo, expreso o presunto, confirmatorio o revocatorio, que es el acto impugnable. La liquidación no conduce, pues, en todo caso, a un ingreso a favor del Tesoro, en cuanto puede dar lugar a una devolución a favor del obligado tributario.

‖ Tipos de liquidaciones

La LGT distingue entre liquidaciones provisionales y definitivas. La **liquidación definitiva** es la practicada previa comprobación administrativa del hecho imponible y de su valoración, siempre que la comprobación se haya realizado en el procedimiento de inspección, y la actuación haya tenido alcance general en el sentido del artículo 148 de la LGT, sin que baste, en consecuencia, la comprobación en fase de gestión o la comprobación realizada por la Inspección con carácter parcial sobre alguno de los elementos de la obligación tributaria.

Por lo tanto, fuera de los casos en que la liquidación es definitiva conforme a los criterios expuestos, la liquidación tiene **carácter provisional.** Así, el artículo 139.2 de la LGT establece que se dictará liquidación provisional tras el procedimiento de comprobación limitada. Podrán dictarse liquidaciones provisionales en el procedimiento de inspección en los siguientes supuestos:

- Cuando alguno de los elementos de la obligación tributaria se determine en función de los correspondientes a otras obligaciones que no hubieran sido comprobadas, que hubieran sido regularizadas mediante liquidación provisional o mediante liquidación definitiva que no fuera firme, o cuando existan elementos de la obligación tributaria cuya comprobación con carácter definitivo no hubiera sido posible durante el procedimiento, en los términos que se establezcan reglamentariamente.

- Cuando proceda formular distintas propuestas de liquidación en relación con una misma obligación tributaria. Se entenderá que concurre esta circunstancia en los siguientes casos:

  » Que las actas con acuerdo a las que se refiere el artículo 155 de la LGT no incluya todos los elementos de la obligación tributaria.

  » Cuando la conformidad del obligado no se refiera a toda la propuesta de regularización.

  » Cuando se realice una comprobación de valor y no sea el objeto único de la regularización.

  » Cuando así esté previsto reglamentariamente.

- También tendrán el carácter de provisionales las liquidaciones dictadas que se encuentren referidas a elementos de la obligación tributaria vinculados con un posible delito contra la Hacienda Pública.

Tal y como recoge la **Dirección General de Tributos en su consulta vinculante (V0821-20), de 13 de abril de 2020**:

> «**El carácter de liquidación provisional no afecta en absoluto a la eficacia de la misma** y a la obligación del sujeto pasivo de proceder al ingreso de la deuda tributaria en los plazos establecidos.
>
> La eficacia de la liquidación tributaria no está supeditada a ninguna firma por parte del sujeto pasivo, ni a la aceptación por su parte».

La liquidación definitiva, a diferencia de la provisional, sólo puede ser rectificada por la Administración siguiendo el procedimiento formal de revisión de actos administrativos o a través de su impugnación. Por el contrario, la liquidación provisional puede ser rectificada por la Administración en el mismo procedimiento de gestión, aunque con determinadas limitaciones cuando se haya seguido un procedimiento de comprobación limitada (artículo 140 de la LGT).

En este sentido el **Tribunal Supremo en su sentencia n.º 288/2022, de 8 de marzo, ECLI:ES:TS:2022:861**, se refiere a la diferencia entre los dos tipos de liquidaciones en los siguientes términos:

> «(...) La dicotomía entre liquidaciones provisionales y definitivas **no obedece a que las primeras tengan limitada en el tiempo su eficacia** -como la Administración entendió en este caso-, **sino a que son susceptibles de rectificación en un posterior procedimiento de aplicación de los tributos**. Por acudir a un símil procesal, las liquidaciones provisionales no pasan en autoridad de cosa juzgada.
>
> **La emisión de una u otra clase de liquidación no es un acto discrecional, sino reglado**. Las liquidaciones practicadas en el procedimiento inspector "previa comprobación e investigación de la totalidad de los elementos de la obligación tributaria", son definitivas, según el apartado 3.a) del mencionado art. 101. Y dado que la Inspección en este caso había comprobado la totalidad de los elementos de la obligación del contribuyente relativa al impuesto sucesorio, no estaba habilitada para dictar una liquidación provisional».

|| La notificación de las liquidaciones tributarias

Las liquidaciones deberán ser **notificadas** a los obligados tributarios en los términos previstos en la sección III del capítulo II del título III de la LGT (artículos 109 a 112), que a su vez se remite al régimen de notificaciones previsto en las normas administrativas con algunas especialidades.

En cuanto al lugar de práctica de las notificaciones hay que diferenciar dos supuestos:

- Cuando se trate de procedimientos iniciados a solicitud del interesado: la notificación se practicará en el lugar señalado a tal efecto por el obligado tributario o su representante o, en su defecto, en el domicilio fiscal de uno u otro.

- Cuando se trate de procedimientos iniciados de oficio: la notificación podrá practicarse en el domicilio fiscal del obligado tributario o su representante, en el centro de trabajo, en el lugar donde se desarrolle la actividad económica o en cualquier otro adecuado a tal fin.

Si la notificación se practicase en el lugar señalado al efecto por el obligado tributario o por su representante, o en el domicilio fiscal de uno u otro, de no hallarse presentes en el momento de la entrega, podrá hacerse cargo de la misma cualquier persona que se encuentre en dicho lugar o domicilio y haga constar su identidad, así como los empleados de la comunidad de vecinos o de propietarios donde radique el lugar señalado a efectos de notificaciones o el domicilio fiscal del obligado o su representante (artículo 111.1 de la LGT).

Si el interesado o su representante rechazan la notificación se tendrá por efectuada.

En el caso de que no sea posible efectuar la notificación al interesado o a su representante por causas no imputables a la Administración tributaria e intentada al menos dos veces en el domicilio fiscal, o en el designado por el interesado si se trata de un procedimiento iniciado a solicitud del mismo, se harán constar en el expediente las circunstancias de los intentos de notificación. Será suficiente un único intento si el destinatario figura como desconocido en el domicilio o lugar indicado.

En este caso, se citará al interesado o a su representante para que sea notificado mediante comparecencia, a través de anuncios publicados una sola vez para cada interesado en el «Boletín Oficial del Estado». La publicación en el BOE se realizará los lunes, miércoles y viernes de cada semana. Estos anuncios podrán también exponerse en la oficina de la Administración tributaria correspondiente al último domicilio fiscal conocido. Si el último domicilio conocido estuviera en el extranjero, el anuncio podrá exponerse en el consulado o sección consular de la embajada correspondiente.

En la publicación se incluirá la relación de notificaciones pendientes, indicando el obligado tributario o su representante, el procedimiento que las motiva, el órgano competente para su tramitación, así como el lugar y plazo en el que el destinatario deberá comparecer para ser notificado.

La comparecencia deberá realizarse en un plazo de 15 días naturales, contados desde el día siguiente a la publicación del anuncio en el BOE. Si transcurrido dicho plazo el interesado no comparece, la notificación se considerará efectuada a todos los efectos legales el día siguiente al vencimiento del plazo señalado.

En caso de que el inicio de un procedimiento o cualquiera de sus trámites se consideren notificados por la falta de comparecencia del obligado tributario o su representante, se entenderá que este ha sido notificado de las actuaciones y diligencias posteriores del procedimiento. No obstante, se mantendrá el derecho del interesado a comparecer en cualquier momento del mismo. Las liquidaciones que se dicten en el procedimiento y los acuerdos de enajenación de bienes embargados deberán ser notificados conforme a lo establecido en la sección III del capítulo II del título III de la LGT.

Sobre la eficacia de la notificación el Tribunal Supremo ha señalado que la misma debe valorarse en cada caso concreto, recalcando la dificultad de establecer una doctrina general. A modo de ejemplo, véase la **STS n.º 448/2021, de 25 de marzo, ECLI:ES:TS:2021:1117**:

> «Ha declarado esta Sala en numerosas ocasiones, como luego se expondrá, que, con carácter general y, por lo tanto, también en el ámbito tri-

butario, la eficacia las notificaciones se encuentra estrechamente ligada a las circunstancias concretas del caso, lo que comporta inevitablemente un importante grado de casuismo en la materia, que exige que debamos partir del factum establecido en la sentencia recurrida.

Resulta, pues, difícil juzgar en abstracto toda la casuística que la eficacia de las notificaciones puede producir, resultando, en consecuencia, muy complicado establecer una doctrina general. En efecto, el casuismo es, realmente, inagotable y exige estar al material probatorio del que se dispone en cada caso y a las declaraciones que -como hechos que no pueden controvertirse en casación- hayan efectuado los órganos de instancia.

De ahí la dificultad de formar una jurisprudencia que vaya más allá de la respuesta que resuelva este asunto, lo que comporta que no pueda fijarse una doctrina general con valor de jurisprudencia sobre esta cuestión».

Además, el Tribunal Supremo también ha destacado en distintas ocasiones —como la **STS, recurso n.° 4484/2012, de 27 de noviembre, ECLI:ES:TS:2014:4922**— la importancia de valorar:

- El grado de diligencia mostrada tanto por el interesado como por la Administración.

- El conocimiento que, no obstante, el incumplimiento en su notificación de todas o algunas de las formalidades previstas en la norma, el interesado haya podido tener del acto o resolución por cualesquiera medios.

- El comportamiento de los terceros que, en atención a la cercanía o proximidad geográfica con el interesado, pueden aceptar y aceptan la notificación.

Y añade, con relación a la buena fe exigible a ambas partes, que:

«a)Que el acto o resolución debe entenderse por correctamente practicada cuando, como advierten expresamente algunas normas vigentes (arts. 111.2 LGT; 59.4 de la Ley 30/1992; y 43.a) del Real Decreto 1829/1999), **el interesado rehúse su notificación** [Sentencia de esta Sala de 18 de diciembre de 2008 (rec. cas. núm. 3302/2006), FD Tercero; en los mismos términos, Sentencias de 2 de abril de 2009 (rec. cas. núm. 3251/2006), FD Tercero; y de 16 de diciembre de 2010 (rec. cas. núm. 3943/2007), FD Tercero].

b) Que carece de trascendencia que la notificación sea defectuosa si **consta que el interesado ha podido conocer la decisión que se le pretendía comunicar**; porque el principio de buena fe impide tutelar al recurrente cuando utiliza los errores incurridos por la Administración en la notificación, «con propósitos no de auténtica defensa, sino de obstrucción a la actuación de la Administración tributaria» [Sentencia de 28 de julio de 2000 (rec. cas. núm. 6927/1995), FD Tercero].

c) Que si **el interesado incumple con la carga de comunicar el domicilio o el cambio del mismo**, en principio -y, reiteramos la precisión, siempre que la Administración haya demostrado la diligencia y buena fe que también le son exigibles-, debe sufrir las consecuencias perjudiciales de dicho incumplimiento [Sentencias de 10 de junio de 2009, cit., FD Cuarto; y de 16 de junio de 2009, cit., FD Segundo].

d) Y, finalmente, que, con carácter general, **no cabe que el interesado alegue que la notificación se produjo en un lugar o con persona improcedente cuando recibió sin problemas y sin reparo alguno otras recogidas en el mismo sitio o por la misma persona** [STC 155/1989, de 5 de octubre, FJ 3; ATC 89/2004, de 22 de marzo, FJ 3; ATC 387/2005, de 13 de noviembre, FJ 3; Sentencias del Tribunal Supremo de 28 de octubre de 2004 (rec. cas. en interés de ley núm. 70/2003), FD Cuarto; de 27 de noviembre de 2008 (rec. cas. núm. 5565/2006), FD Cuarto; y de 22 de marzo de 1997 (rec. de apelación. núm. 12960/1991), FD Segundo]».

Las liquidaciones notificadas deben incluir:

- La identificación del obligado tributario.
- Los elementos determinantes de la cuantía de la deuda tributaria.
- La motivación de las mismas cuando no se ajusten a los datos consignados por el obligado tributario o a la aplicación o interpretación de la normativa realizada por el mismo, con expresión de los hechos y elementos esenciales que las originen, así como de los fundamentos de derecho.
- Los medios de impugnación que puedan ser ejercidos, órgano ante el que hayan de presentarse y plazo para su interposición.
- El lugar, plazo y forma en que debe ser satisfecha la deuda tributaria.
- Su carácter de provisional o definitiva.

En los tributos de cobro periódico, una vez notificada la liquidación correspondiente al alta en el respectivo registro, padrón o matrícula, podrán notificarse colectivamente las sucesivas liquidaciones mediante edictos que así lo adviertan.

Así lo ha ratificado el Tribunal Supremo en su **sentencia, recurso n.º 2884/2010, de 19 de diciembre de 2011, ECLI:ES:TS:2011:9135**: «(...) *en las liquidaciones de tributos de cobro periódico, una vez notificada la correspondiente al alta, las sucesivas liquidaciones no requieren de notificación individual, siendo suficiente la notificación colectiva, mediante edictos que así lo adviertan, salvo que no exista identidad sustancial entre los datos y elementos esenciales de la liquidación inicial y las posteriores periódicas*».

Cuando exista un aumento de base imponible sobre la resultante de las declaraciones deberá notificarse al contribuyente con expresión concreta de los hechos y elementos adicionales que lo motiven, excepto cuando la modificación provenga de revalorizaciones de carácter general autorizadas por las leyes.

En los supuestos que así se determine reglamentariamente no será preceptiva la notificación expresa, siempre que la Administración así lo advierta por escrito al obligado tributario o a su representante.

RESOLUCIÓN RELEVANTE

Sentencia del Tribunal Supremo n.º 448/2021, de 25 de marzo, ECLI:ES:TS:2021:1117

Asunto: El carácter residual de la notificación edictal.

«*En particular, el máximo intérprete de nuestra Constitución, subrayando el* **carácter "residual", "subsidiario", "supletorio" y "excepcional", de "último remedio"** *-apelativos, todos ellos, empleados por el Tribunal-* **de la notificación mediante edictos** *[SSTC 65/1999, de 26 de abril, FJ 2; 55/2003, de 24 de marzo, FJ 2; 43/2006, de 13 de febrero, FJ 2; 163/2007, de 2 de julio, FJ 2; 223/2007, de 22 de octubre, FJ 2; 231/2007, de 5 de noviembre, FJ 2; 2/2008, de 14 de enero, FJ 2; y 128/2008, de 27 de octubre, FJ 2], ha señalado que tal procedimiento "sólo puede ser empleado cuando se tiene la convicción o certeza de la inutilidad de cualquier otra modalidad de citación" (STC 65/1999, cit., FJ 2); que el órgano judicial "ha de extremar las gestiones en averiguación del paradero de sus destinatarios por los medios normales a su alcance, de manera que el acuerdo o resolución judicial que lleve a tener a la parte en un proceso como persona en ignorado paradero debe fundarse en criterios de razonabilidad que conduzcan a la certeza, o cuando menos a una convicción razonable, de la inutilidad de los medios normales de citación" (...)*

Ahora bien, sobre estas afirmaciones generales deben hacerse algunas **matizaciones***:*

- En primer lugar, que el **deber de diligencia del órgano judicial a la hora de indagar el domicilio no tiene siempre la misma intensidad, sino que varía en función del acto que se comunica** *(inicio de actuaciones judiciales o actos procesales de un procedimiento ya abierto) [SSTC 113/2001, cit., FJ 5; 150/2008, de 17 de noviembre, FJ 2; y 158/2008, de 24 de noviembre, FJ 2].*

- En segundo lugar, que " **dicha obligación debe ponderarse en función de la mayor o menor dificultad que el órgano judicial encuentre para la identificación o localización de los titulares de los derechos e intereses en cuestión***, pues no puede imponérseles a los Tribunales la obligación de llevar a cabo largas y complejas indagaciones ajenas a su función" (STC 188/1987, de 27 de noviembre, FJ 2; y Sentencia de esta Sala 12 de julio de 2010 (rec. cas. núm. 90/2007), FD Tercero); sin que se pueda "demandar del Juez o Tribunal correspondiente una desmedida labor investigadora y de cercioramiento sobre la efectividad del acto de comunicación en cuestión" (STC 113/2001, de 7 de mayo, FJ 5; en términos parecidos, SSTC 55/2003, de 24 de marzo, FJ 2; 90/2003, de 19 de marzo, FJ 2; 43/2006, de 13 de febrero, FJ 2; y 76/2006, de 13 de marzo).*

- En tercer lugar, el Tribunal Constitucional viene señalando que **existe un especial deber de diligencia de la Administración cuando se trata de la notificación de sanciones***, con relación a las cuales, en principio, "antes de acudir a la vía edictal", debe "intentar la notificación en el domicilio que aparezca en otros registros públicos" (SSTC 32/2008, de 25 de febrero, FJ 2; y 128/2008, de 27 de octubre, FJ 2).*

Todos los citados elementos deben ser ponderados tendiendo siempre presente, de un lado, el principio antiformalista que, como ya hemos señalado, rige en materia de notificaciones, y, en síntesis, viene a implicar que, en este ámbito, **lo decisivo no es que se cumplan las formalidades legales, sino que el interesado haya tenido o haya podido tener conocimiento tempestivo del acto***; y, de otro, el principio de buena fe que debe regir las relaciones entre la Administración y los administrados».*

1.4. Resolución de los procedimientos tributarios

La resolución de los procedimientos tributarios: regulación y efectos

La Administración tributaria está obligada a resolver expresamente todas las cuestiones que se planteen en los procedimientos de aplicación de los tributos, así como a notificar dicha resolución expresa.

No existirá obligación de resolver en los siguientes procedimientos:

- En los relativos al ejercicio de derechos que sólo deben ser objeto de comunicación por el obligado tributario.
- En los que se produzca la caducidad, la pérdida sobrevenida del objeto del procedimiento, la renuncia o el desistimiento de los interesados.

Sin embargo, incluso en estos supuestos, a solicitud del interesado, la Administración se encuentra obligada a dictar resolución, entendida en un sentido amplio, en la que declare que ha tenido lugar alguno de las referidas circunstancias.

El apartado tercero del artículo 103 de la LGT dispone que deberán ser motivados y con referencia sucinta a los hechos y fundamentos de derecho:

- Los actos de liquidación.
- Los actos de comprobación de valor.
- Los que impongan una obligación.
- Los que denieguen un beneficio fiscal.
- La suspensión de la ejecución de actos de aplicación de los tributos.
- Aquellos otros que se señalen en la normativa vigente.

La motivación de los actos administrativos, recogida con carácter general en el artículo 35 de la LPAC, y específicamente en el ámbito tributario en el artículo 103 de la LGT, está estrechamente relacionada con la prohibición de indefensión establecida en el artículo 24 de la CE. El deber de motivación alcanza a actos tributarios en sentido estricto o a decisiones de procedimiento. En cuanto a lo primero, resulta necesario que la Administración razone debidamente la concurrencia de los elementos esenciales que integran el **hecho imponible**, su atribución al sujeto pasivo y las demás circunstancias con trascendencia tributaria que conduzcan a la regularización o liquidación. Pero además de ello, la Administración debe motivar determinados actos de **carácter procesal**, como el que decide sobre la ejecución o suspensión de los actos de aplicación de los tributos.

CUESTIÓN

¿Qué datos deberá contener la resolución?

El artículo 101 del RGAT, en su apartado segundo, dispone que la resolución deberá mencionar expresamente:

- El nombre y apellidos o razón social o denominación completa del obligado tributario.
- El número de identificación fiscal del obligado tributario.
- La fecha.
- La identificación del órgano que dicta la resolución.
- La identificación del derecho u obligación tributaria objeto del procedimiento.
- En su caso, los hechos y fundamentos de derecho que la motivan.

Además, cuando la resolución contenga una liquidación, contendrá los intereses de demora correspondientes.

RESOLUCIÓN RELEVANTE

Sentencia del Tribunal Supremo n.° 494/2023, de 19 de abril, ECLI:ES:TS:2023:1811

Asunto: La extensión del plazo para resolver que exceda el plazo legal determinado requiere resolución expresa.

«(...) el artículo 91 RGI puede y debe ser objeto de una interpretación conforme en su contraste con los artículos 103 LGT con relación al artículo 54 Ley 30/1992 (artículo 35 Ley 39/2015) y con el citado art. 32 de la Ley 39/2015.

De ese modo, esa previsión reglamentaria -que fomenta la agilidad procedimental-, puede justificar que la Administración no resuelva expresamente la petición del contribuyente sobre la extensión del plazo y, pese a ello, se entienda concedida la misma, únicamente cuando esa ampliación no traspase el ámbito temporal que tiene la Administración para resolver en plazo, es decir, cuando no exista conflicto, porque de todas formas -con o sin ampliación- la prescripción no juega en su contra.

Sin embargo, cuando el otorgamiento de la ampliación suponga exceder del plazo legal de terminación del procedimiento, la Administración no puede invocar la "concesión automática" de la ampliación sobre la base del art 91 RGIT para imputar una dilación indebida al contribuyente y poder mantener así, que ha liquidado en plazo, desde el momento que esa extensión temporal sirve, al mismo tiempo, para afirmar su derecho (el de la Administración) y para negar otro (el del contribuyente), lo que precisaría que se hubiera colmado la obligación legal de "resolver expresamente todas las cuestiones que se planteen en los procedimientos de aplicación de los tributos, así como a notificar dicha resolución expresa" (artículo 103.1 LGT)».

|| Plazos de resolución y efectos de la falta de resolución expresa

De acuerdo con la regla general establecida en el artículo 104 de la LGT, el plazo máximo para resolver en el procedimiento tributario es, salvo disposición en contrario, de **seis meses**, y su incumplimiento produce las consecuencias jurídicas que se detallan más abajo.

Este plazo tiene significadas excepciones, como, por ejemplo, el plazo en procedimientos especiales de revisión de actos nulos del **artículo 217.6 de la**

LGT, o el plazo para resolver la reclamación económico-administrativa del **artículo 240.2 de la LGT**. Y también excepcionalmente, el procedimiento de apremio puede extenderse durante todo el tiempo que dura el plazo de prescripción del derecho que lo motiva.

La obligación de notificar dentro del plazo máximo de duración de los procedimientos se entenderá cumplida cuando se acredite que se ha realizado un intento de notificación que contenga el texto íntegro de la resolución. Cuando se trate de sujetos obligados o acogidos voluntariamente a recibir notificaciones practicadas por medio electrónicos, esta obligación de notificar en plazo se entiende cumplida con la puesta a disposición de la notificación en la sede electrónica de la Administración Tributaria o en la dirección electrónica habilitada.

Hay que tener en cuenta, que la LGT especifica que **no se incluirán en el cómputo del plazo** de resolución:

- Los períodos de interrupción justificada que se especifiquen reglamentariamente.

- Las dilaciones en el procedimiento por causa no imputable a la Administración Tributaria.

- Los períodos de suspensión del plazo que se produzcan conforme a lo previsto en la LGT.

Por su parte, el artículo 102 del RGAT añade que tanto los períodos de interrupción justificada, como las dilaciones por causa no imputable a la Administración y los periodos de suspensión y de extensión del plazo del procedimiento inspector **deberán documentarse adecuadamente** para su constancia en el expediente. Además, los períodos de interrupción justificada y las dilaciones por causa no imputable a la Administración no impedirán la práctica de las actuaciones que durante dicha situación pudieran desarrollarse.

El artículo 103 del RGAT contiene un listado de supuestos en los que se entenderá que estamos ante **períodos de interrupción justificada**:

- Cuando, por cualquier medio, se pidan datos, informes, dictámenes, valoraciones o documentos a otros órganos o unidades administrativas de la misma o de otras Administraciones, por el tiempo que transcurra desde la remisión de la petición hasta la recepción de aquellos por el órgano competente para continuar el procedimiento, sin que la interrupción por este concepto pueda exceder, para todas las peticiones de datos, informes, dictámenes, valoraciones o documentos que pudieran efectuarse, de seis meses. Cuando se trate de solicitudes formuladas a otros Estados, este plazo será de 12 meses.

- Cuando, por cualquier medio, se pidan datos, informes, dictámenes o valoraciones a otro Estado o entidad internacional o supranacional como consecuencia de la información previamente recibida de los mismos en el marco de la asistencia mutua, por el tiempo que transcurra desde la remisión de la petición a la autoridad competente del otro Estado o entidad hasta la recepción de aquellos por el órgano competente para continuar el procedimiento, sin que la interrupción por este concepto pueda exceder, para todas las peticiones, de 12 meses.

- Cuando se aprecien indicios de delito contra la Hacienda pública y se remita el expediente al Ministerio Fiscal o a la jurisdicción competente, por el tiempo que transcurra desde dicha remisión hasta que, en su caso, se produzca la recepción del expediente devuelto o de la resolución judicial por el órgano competente para continuar el procedimiento.

- Cuando la determinación o imputación de la obligación tributaria dependa directamente de actuaciones judiciales en el ámbito penal, por el tiempo transcurrido desde que se tenga conocimiento de la existencia de dichas actuaciones y se deje constancia de este hecho en el expediente o desde que se remita el expediente a la jurisdicción competente o al Ministerio Fiscal hasta que se conozca la resolución por el órgano competente para continuar el procedimiento. Sin embargo, cuando sea posible y resulte procedente podrán practicarse liquidaciones provisionales.

- Cuando concurra alguna causa de fuerza mayor que obligue a la Administración a interrumpir sus actuaciones, por el tiempo de duración de dicha causa. No obstante, cuando sea posible y resulte procedente podrán practicarse liquidaciones provisionales.

- Cuando se plantee el conflicto de competencias ante las Juntas Arbitrales previstas en los artículos 24 de la Ley Orgánica 8/1980, de 22 de septiembre, de Financiación de las Comunidades Autónomas, 66 de la Ley 12/2002, de 23 de mayo, por la que se aprueba el Concierto Económico entre el Estado y la Comunidad Autónoma del País Vasco, y 51 de la Ley 25/2003, de 15 de julio, por la que se aprueba la modificación del Convenio Económico entre el Estado y la Comunidad Foral de Navarra, por el tiempo que transcurra desde el planteamiento del conflicto hasta la resolución dictada por la respectiva Junta Arbitral.

Por otro lado, el artículo 104 del RGAT considera **dilaciones no imputables a la Administración tributaria**:

- Los retrasos por parte del obligado tributario al que se refiera el procedimiento en el cumplimiento de comparecencias o requerimientos de aportación de documentos, antecedentes o información con trascendencia tributaria formulados por la Administración tributaria. La dilación se computará desde el día siguiente al de la fecha fijada para la comparecencia o desde el día siguiente al del fin del plazo concedido para la atención del requerimiento hasta el íntegro cumplimiento de lo solicitado. Los requerimientos de documentos, antecedentes o información con trascendencia tributaria que no figuren íntegramente cumplimentados no se tendrán por atendidos a efectos de este cómputo hasta que se cumplimenten debidamente, lo que se advertirá al obligado tributario, salvo que la normativa específica establezca otra cosa.

- La aportación por el obligado tributario de nuevos documentos y pruebas una vez realizado el trámite de audiencia o, en su caso, de alegaciones. La dilación se computará desde el día siguiente al de finalización del plazo de dicho trámite hasta la fecha en que se aporten. Cuando los documentos hubiesen sido requeridos durante la tramitación del procedimiento se aplicará lo dispuesto en el punto anterior.

- La concesión por la Administración de la ampliación de cualquier plazo, así como la concesión del aplazamiento de las actuaciones solicitado por el obligado, por el tiempo que medie desde el día siguiente al de la finalización del plazo previsto o la fecha inicialmente fijada hasta la fecha fijada en segundo lugar.

- La paralización del procedimiento iniciado a instancia del obligado tributario por la falta de cumplimentación de algún trámite indispensable para dictar resolución, por el tiempo que transcurra desde el día siguiente a aquel en que se considere incumplido el trámite hasta su cumplimentación por el obligado tributario, sin perjuicio de la posibilidad de que pueda declararse la caducidad, previa advertencia al interesado.

- El retraso en la notificación de las propuestas de resolución o de liquidación, por el tiempo que transcurra desde el día siguiente a aquel en que se haya realizado un intento de notificación hasta que dicha notificación se haya producido.

- La presentación por el obligado tributario de declaraciones en las que manifiesta la realización del hecho imponible y comunique los datos necesarios para cuantificar la obligación tributaria mediante una liquidación provisional reguladas en el artículo 128 de la LGT, de comunicaciones de datos o de solicitudes de devolución complementarias o sustitutivas de otras presentadas con anterioridad. La dilación se computará desde el día siguiente al de la finalización del plazo de presentación de la declaración, comunicación de datos o solicitud de devolución o desde el día siguiente al de la presentación en los supuestos de presentación fuera de plazo hasta la presentación de la declaración, comunicación de datos o solicitud de devolución, complementaria o sustitutiva.

- La falta de presentación en plazo de la declaración informativa con el contenido de los libros registro regulada en el artículo 36 del RGAT. La dilación se computará desde el inicio de un procedimiento en el que pueda surtir efectos, hasta la fecha de su presentación.

- El retraso en la notificación derivado de lo dispuesto en la D.A. 3.ª del Real Decreto 1363/2010, de 29 de octubre, por el que se regulan supuestos de notificaciones y comunicaciones administrativas obligatorias por medios electrónicos en el ámbito de la AEAT, en supuestos en que los actos a notificar se refieren a procedimientos de aplicación de los tributos ya iniciados. Deberá quedar acreditado que la notificación pudo ponerse a disposición del obligado tributario en la fecha por él seleccionada conforme a lo dispuesto en la citada D.A. 3.ª.

- El incumplimiento de la obligación de llevanza de los libros registro del IVA a través de la Sede electrónica de la AEAT para las personas y entidades a que se refiere el artículo 62.6 del RIVA. La dilación se computará desde el inicio de un procedimiento en el que pueda surtir efectos, hasta la fecha de su presentación o registro.

> **A TENER EN CUENTA**. Los períodos de interrupción justificada y las dilaciones por causa no imputable a la Administración se contarán por días naturales, y respecto del procedimiento inspector se estará a lo dispuesto en los artículos 150 de la LGT y 184 del RGAT.

La LGT ha recogido en el artículo 104 el régimen general de los actos presuntos establecido en los artículos 24 y 25 de la LPAC, diferenciándose:

- Los procedimientos iniciados a **solicitud de interesado**, en cuyo caso el vencimiento del plazo máximo sin haberse notificado resolución expresa produce los efectos que establezca su normativa reguladora. En defecto de dicha regulación, los interesados podrán entender estimadas sus solicitudes por silencio administrativo, excepto en los siguientes supuestos en los que el silencio tendrá efecto desestimatorio:

  » En los procedimientos de ejercicio del derecho de petición regulado en el artículo 29 de la Constitución.

  » En los procedimientos de impugnación de actos y disposiciones.

- Los procedimientos **iniciados de oficio**, en los cuales el vencimiento del plazo máximo establecido sin que se haya notificado resolución expresa producirá los efectos previstos en la normativa reguladora de cada procedimiento, y en su defecto se distinguen:

  » Los procedimientos de los que pueda derivarse el reconocimiento o, en su caso, la constitución de derechos u otras situaciones jurídicas individualizadas: En estos casos los obligados tributarios podrán entender desestimados por silencio administrativo los posibles efectos favorables derivados del procedimiento.

  » Los procedimientos susceptibles de producir efectos desfavorables o de gravamen: En esto casos se producirá la caducidad del procedimiento (así, por ejemplo, el procedimiento sancionador concluye por la declaración de caducidad —art. 211 de la LGT—, o la caducidad es declarada en los procedimientos especiales de revisión —arts. 217.6, 218 y. 219.4 todos ellos de la LGT—).

A TENER EN CUENTA. En los procedimientos iniciados de oficio, cuando se produzca una paralización del procedimiento por causa imputable al obligado tributario, la Administración deberá advertirle de que podrá declarar la caducidad del mismo transcurridos tres meses. Ahora bien, de acuerdo con lo establecido en el artículo 95 de la LPAC, no podrá acordarse la caducidad por la simple inactividad del interesado en la cumplimentación de trámites, siempre que no sean indispensables para dictar resolución.

CUESTIONES

1. ¿Cuándo empiezan a contarse los plazos de resolución?

Los plazos se contarán:

- En los procedimientos iniciados de oficio: desde la fecha de notificación del acuerdo de inicio.

- En los procedimientos iniciados a instancia del interesado: desde la fecha en que el documento haya tenido entrada en el registro del órgano competente para su tramitación. A estos efectos se entenderá por registro del órgano competente para la tramitación del procedimiento, el registro del órgano que resulte competente para iniciar la tramitación conforme al artículo 59 del RGAT o la normativa específica del procedimiento.

2. La resolución expresa posterior al momento en el que se considera producido el silencio administrativo, ¿se encuentra vinculada al sentido del silencio?

El apartado cuarto del artículo 101 del RGAT diferencia dos supuestos:

– Estimación por silencio administrativo: La resolución expresa posterior sólo podrá ser confirmatoria del mismo.

– Desestimación por silencio administrativo: La resolución expresa posterior al vencimiento del plazo se adoptará por la Administración sin vinculación alguna al sentido del silencio.

El **incumplimiento de los plazos máximos** de resolución (produzca o no la caducidad del procedimiento administrativo tributario) produce las siguientes consecuencias jurídicas:

- El efecto más sobresaliente es que el inicio de las actuaciones que forman parte del procedimiento no produce el efecto de interrumpir el plazo de prescripción (artículos 104.5 y 150.2 de la LGT). La caducidad no producirá, por sí sola, la prescripción de los derechos de la Administración tributaria, pero las actuaciones realizadas en los procedimientos caducados no interrumpirán el plazo de prescripción ni se considerarán requerimientos administrativos a los efectos previstos en artículo 27.1 de esta ley. Por ello, el nuevo procedimiento (en caso de caducidad) o la continuación del procedimiento sólo es posible si no ha prescrito el derecho de que se trate. Todo ello a excepción del procedimiento sancionador, que, como se ha dicho, caduca y produce el efecto de impedir un nuevo procedimiento sancionador por el mismo hecho.

- Las actuaciones realizadas en el curso de un procedimiento caducado, así como los documentos y otros elementos de prueba obtenidos en dicho procedimiento, conservarán su validez y eficacia a efectos probatorios en otros procedimientos iniciados o que puedan iniciarse con posterioridad en relación con el mismo u otro obligado tributario.

- El ingreso realizado durante el procedimiento caducado o dilatado indebidamente se considera ingreso espontáneo a efectos tributarios (artículo 150.2 de la LGT).

- No pueden exigirse intereses de demora en el período en que el procedimiento se dilató indebidamente.

Además, hay que señalar que los efectos del silencio administrativo se entenderán sin perjuicio de la facultad de la Administración de proceder a la comprobación o investigación de la situación tributaria de los obligados tributarios, con relación a la concurrencia de las condiciones y requisitos de beneficios fiscales

En la **DA 1.ª del RD 1065/2007, de 27 de julio**, se relacionan una serie de procedimientos que podrán entenderse desestimados (ap. 1) y estimados (ap. 2) por la falta de resolución en plazo.

JURISPRUDENCIA

Sentencia del Tribunal Supremo n.º 765/2025, de 16 de junio, ECLI:ES:TS:2025:2637

Asunto: Obligación de la Administración de declarar la caducidad.

«1.Se ratifica la doctrina jurisprudencial reiterada de esta Sala atinente a que la caducidad del procedimiento de gestión, susceptible de causar efectos desfavorables o de gravamen, ha de ser declarada obligatoriamente, sin que exista una pretendida facultad administrativa de no declararla. Tal declaración de caducidad ha de ser expresa, conforme a lo dispuesto en el artículo 104.5 LGT, en relación con el artículo 103.2 del mismo texto legal.

2.La falta de declaración expresa de caducidad de un procedimiento de comprobación limitada, relativo a un determinado concepto tributario (obligación tributaria o elemento de la obligación tributaria) y período impositivo, determina la invalidez del inicio de un ulterior procedimiento de inspección respecto de dicho concepto tributario (obligación tributaria o elemento de la obligación tributaria) y período impositivo».

1.5. Fase de prueba en los procedimientos tributarios

La fase probatoria en los procedimientos tributarios

El procedimiento tributario presenta la singularidad, frente al procedimiento general, de que, en lo que se refiere a la práctica de la prueba, no resulta necesaria la apertura de un período específico ni la comunicación previa de las actuaciones a los interesados (artículo 99.6 de la LGT).

La LGT señala que en su **artículo 105** que «*en los procedimientos de aplicación de los tributos quien haga valer su derecho deberá probar los hechos constitutivos del mismo*». Además, aclara que el deber de probar de los obligados tributarios se entenderá cumplido cuando estos designen de modo concreto los elementos de prueba en poder de la Administración tributaria. Es decir, el artículo 105 de la LGT establece un principio fundamental en los procedimientos de aplicación de los tributos: **la carga de la prueba recae sobre quien haga valer su derecho**.

Este deber de prueba se desarrolla en los artículos 105 a 108 de la LGT, que recogen los principales aspectos que regirán la prueba en el ámbito fiscal.

Corresponde a la Administración realizar la actividad precisa para la determinación de los hechos, elementos, y circunstancias que acrediten la obligación tributaria. Le corresponde pues a la **Administración la prueba del hecho imponible y de los elementos** que permiten su cuantificación. Es claro que no corresponde al contribuyente la prueba de su obligación. La Administración goza de determinados **privilegios** en esta tarea:

- En primer término, tiene la **potestad de calificación de los hechos**, dentro de ciertos límites.

- En segundo lugar, la **presunción de legalidad** de la actuación administrativa. Aunque debe aclararse convenientemente que la presunción de legalidad de la actuación administrativa no implica el desplazamiento de la carga de la prueba al obligado tributario, si así fuera se daría una patente de corso a la Administración para dictar cualesquiera actos sin las exigencias de determinación y motivación que en cada caso requieran.

Al respecto de la presunción de legalidad de la administración en el ámbito tributario se ha pronunciado en multitud de ocasiones nuestra jurisprudencia, reproducimos aquí un extracto de una sentencia del Tribunal Supremo que recoge parte de la jurisprudencia más interesante en lo que nos ocupa:

«El artículo 105.1 LGT establece expresamente que en " los procedimientos de aplicación de los tributos quien haga valer su derecho deberá probar los hechos constitutivos del mismo ". Determina, pues, que la carga de la prueba de los hechos constitutivos de la pretensión de cada parte corresponde a la parte que sostiene dicha pretensión, afirmación de principio que, tal y como recuerda la entidad recurrente, se ha venido interpretando por esta Sala de la siguiente forma: el artículo 114.1 de la derogada LGT de 1963, cuyo tenor literal era muy similar al del vigente artículo 105.1 LGT, " es un "precepto que de igual modo obliga al contribuyente como a la Administración", de manera que es a la Inspección de los Tributos a la que corresponde probar "los hechos en que descansa la liquidación impugnada", "sin que pueda desplazarse la carga de la prueba al que niega tales hechos", "convirtiendo aquella en una probatio diabolica referida a hechos negativos" [Sentencia de 18 de febrero de 2000 (rec. cas. núm. 3537/1995), FD Tercero]; pero cuando la liquidación tributaria se funda en las actuaciones inspectoras practicadas, que constan debidamente documentadas, es al contribuyente a quien incumbe desvirtuar las conclusiones alcanzadas por la Administración [Sentencias de 15 de febrero de 2003 (rec. cas. núm. 1302/1998), FD Séptimo; de 5 de julio de 2007 (rec. cas. para la unificación de doctrina núm. 251/2002), FD Cuarto; de 26 de octubre de 2007 (rec. cas. para la unificación de doctrina núm. 88/2003), FD Quinto; de 12 de noviembre de 2008 (rec. cas. para la unificación de doctrina núm. 370/2004), FD Cuarto.1]. En este sentido, hemos señalado que "[e]n los procedimientos de aplicación de los tributos quien haga valer su derecho (sea la Administración o los obligados tributarios) deberá probar los hechos constitutivos del mismo. Con ello, la LGT respeta el criterio general del Ordenamiento sobre la carga de la prueba, sin que el carácter imperativo de las normas procedimentales tributarias ni la presunción de legalidad y validez de los actos tributarios afecten al referido principio general.- En Derecho Tributario, la carga de la prueba tiene una referencia específica en el art. 114 LGT que impone a cada parte la prueba del hecho constitutivo de su pretensión, en términos afines a las tradicionales doctrinas civilistas". Tratándose -hemos dicho- "de un procedimiento administrativo inquisitivo, impulsado de oficio, ni la prueba ni carga de la prueba pueden tener la misma significación que en un proceso dispositivo. Comenzando por el hecho de que **la Administración deberá averiguar los hechos relevantes para la aplicación del tributo, incluidos, en su caso, los que pudieran favorecer al particular, aún no alegados por éste**. Y en pro de esa finalidad se imponen al sujeto pasivo del tributo, e incluso a terceros, deberes de suministrar, comunicar o declarar datos a la Administración, cuando no de acreditarlos, así como se establecen presunciones que invierten la carga de la prueba dispensando al ente público de la acreditación de los hechos presuntos.- La jurisprudencia es abundantísima sobre la carga de la prueba en el procedimiento de gestión tributaria, haciéndose eco e insistiendo en el principio general del art. 114 LGT y entendiendo que ello supone normalmente que la Administración ha de probar la existencia del hecho imponible y de los elementos que sirvan para cuantificarlos y el particular los hechos que le beneficien como los constitutivos de exenciones y beneficios fiscales, los no sujetos, etc. [Sentencia de 23 de enero de 2008 (rec. cas. para la unificación de doctrina núm. 95/2003), FD Cuarto; en sentido similar, Sentencia de 16 de octubre de 2008 (rec. cas. núm. 9223/2004), FD Quinto]. Así, hemos señalado que, en virtud del citado art. 114 L.G.T., correspondía al sujeto pasivo probar la efectividad y necesidad de los gastos cuya deducción se pretende [Sentencias de 19 de diciembre de 2003 (rec. cas. núm. 7409/1998), FD Sexto; de 9 de octubre de 2008 (rec. cas. núm. 1113/2005), FD Cuarto.1; de 16 de octubre de 2008, cit., FD Quinto de 15 de diciembre de 2008 (rec. cas. núm. 2397/2005), FD Tercero.3; de 15 de mayo de 2009 (rec. cas. núm. 1428/2005), FD Cuarto.1] " [sentencia de 25 de junio de 2009, FD Sexto (rec. cas. núm. 9180/2003) (ES: TS:2009:5841); y, en idénticos o parecidos términos, entre otras muchas, posteriormente, sentencias de 16 de junio de 2011, FD Tercero (rec. cas. núm. 4029/2008) (ES: TS:2011:4517); de 13 de octubre de 2011, FD Tercero (rec. cas. núm. 2283/2008) (ES: TS:2011:7229); de 2 de febrero de 2012, FD Tercero (rec. cas. núm. 686/2009) (ES: TS:2012:859); de 5 de julio de 2012, FD Sexto (rec. cas. núm. 2627/2009) (ES: TS:2012:5617); de 24 de marzo de 2014, FD Segundo (rec. cas. núm. 1028/2011) (ES: TS:2014:1195); o, en fin, de 12 de febrero de 2015, FD Quinto (rec. cas. núm. 2859/2013) (ES: TS:2015:527)]». **STS n.º 175/2019, de 13 de febrero, ECLI:ES:TS:2019:474**.

• En ciertos supuestos la ley ha establecido una **presunción de certeza** de determinados actos (artículo 107 de la LGT —valor probatorio de las diligencias—; artículo 144 de la LGT —valor probatorio de las actas de inspección—), desplazándose entonces la carga de la prueba al obligado tributario, quien debe probar que no se ajustan a la realidad los hechos consignados por la Administración. Así, por ejemplo, según el artículo 144 de la LGT, la eficacia probatoria de las actas de la inspección, en la que se realiza la propuesta de regularización, se refiere sólo a la parte fáctica del acta, a los hechos en ella consignados, y en ningún caso alcanza a la interpretación de la norma aplicada o a la calificación jurídica realizada por la Inspección, cuestiones éstas que acceden al Tribunal sin ninguna presunción de certeza, por mucho que rija el principio general de presunción de legalidad de la actuación administrativa. Luego, en realidad, no corresponde al contribuyente probar que la calificación es errónea, o incorrecta la determinación de la deuda llevada a cabo por la Administración, sino que compete a ésta probar –en todo aquello en lo que no exista presunción de certeza establecida por la ley– que la regularización o liquidación está fundada en derecho, aunque en ocasiones la inversión de la carga de la prueba opera *de facto* en la práctica. Por lo tanto, al contribuyente le corresponde en realidad **probar el hecho contradictorio con el fijado en su contra por la Administración**. A tales efectos serán de aplicación las normas que sobre medios y valoración de prueba se contienen en el Código Civil y en la Ley de Enjuiciamiento Civil.

|| Los medios de prueba y su valoración

De acuerdo con la regla general de establecer la carga de la prueba en función de la proximidad a la fuente de prueba o facilidad de la misma, basta con designar de modo concreto los elementos de prueba cuando estos se encuentren en poder de la Administración. El artículo 105 de la LGT, apartado 2, no es muy técnico cuando se refiere al cumplimiento del deber de probar, pues tal deber no existe en realidad, sin perjuicio de que la falta de prueba de un hecho favorable al obligado produce las consecuencias negativas de considerarlo no probado cuando la carga de la prueba le corresponda. En cualquier caso, por la sujeción de la Administración al interés público tutelado por la ley debe averiguar también los hechos relevantes para la aplicación del tributo que resulten favorables al obligado tributario, y no sólo los perjudiciales.

Tratándose del **procedimiento sancionador**, toda vez que rige en él el derecho a la presunción de inocencia, no existe propiamente la carga formal de la prueba en el administrado, pues todo el deber probatorio relativo a los presupuestos de la sanción corresponde la Administración tributaria.

La jurisprudencia ha considerado que no pueden extenderse de forma automática al procedimiento administrativo las **garantías procesales** del artículo 24 de la CE, en particular el derecho a la tutela judicial efectiva. Sólo en el caso del procedimiento sancionador, en el que la Administración ejerce el *ius puniendi* del Estado, puede plantearse la extensión de las garantías del proceso penal, sin que en general pueda entenderse vulnerado aquel derecho por las actuaciones que tienen lugar en el procedimiento de gestión. Un amplio sector de doctrina ha considerado que no existe en el procedimiento de gestión tributaria actividad probatoria en su estricto sentido terminológico. Pero en todo caso, al margen de la cuestión dogmática de si se trata propiamente de actividad probatoria, como hemos expuesto, **corresponde a la Administración acreditar que su actuación no es arbitraria** (en el sentido del artículo 9.3 y 106 de la CE) y que la determinación de los presupuestos fácticos de la obligación tributaria se ha realizado con el adecuado soporte probatorio. Cuestión distinta es que puedan considerarse vulnerados en el procedimiento administrativo derechos fundamentales asociados a la admisión y práctica de la prueba como si se tratase de verdadero proceso judicial.

La extensión de las normas sobre prueba del proceso civil al procedimiento administrativo tiene lugar en virtud de lo dispuesto en el artículo 106 de la LGT, conforme al cual en los procedimientos tributarios serán de aplicación las normas que sobre medios y valoración de prueba se contienen en el Código Civil y en la Ley de Enjuiciamiento Civil.

Este artículo 106 de la LGT además de esta norma general prevé unas disposiciones específicas relativas a la **forma de acreditar los gastos deducibles o cuotas compensables**, expresión del método inductivo seguido en ocasiones por la LGT a partir de las leyes particulares de los distintos tributos:

- Las pruebas o informaciones suministradas por otros Estados o entidades internacionales o supranacionales en el marco de la asistencia mutua podrán incorporarse, con el valor probatorio que proceda conforme a la regulación civil, al procedimiento que corresponda.

- La ley propia de cada tributo podrá exigir requisitos formales de deducibilidad para determinadas operaciones que tengan relevancia para la cuantificación de la obligación tributaria.

- Los gastos deducibles y las deducciones que se practiquen, cuando estén originados por operaciones realizadas por empresarios o profesionales, deberán justificarse, de forma prioritaria, mediante la factura entregada por el empresario o profesional que haya realizado la correspondiente operación que cumpla los requisitos señalados en la normativa tributaria. Sin perjuicio de lo anterior, la factura no constituye un medio de prueba privilegiado respecto de la existencia de las operaciones, por lo que una vez que la Administración cuestiona fundadamente su efectividad, corresponde al obligado tributario aportar pruebas sobre la realidad de las operaciones.

De otro lado, la analogía con el procedimiento judicial es evidente cuando se trata del procedimiento de las reclamaciones económico-administrativas, por su naturaleza *cuasi* jurisdiccional, aunque aún no se han dado pasos decisivos en la jurisprudencia para extender a este procedimiento las garantías procesales del artículo 24 de la CE, aunque la LGT ha introducido el denominado recurso de anulación a través del cual puede atacarse en la propia vía administrativa (antes de recurrir a la judicial) la resolución de la reclamación, entre otras razones, cuando se hayan declarado inexistentes (no se hayan valorado) pruebas oportunamente presentadas (artículo 241. bis de la LGT).

La propia LGT en su artículo 107 contiene dos presunciones *iuris tantum* sobre el valor probatorio de las diligencias:

- Con relación a las diligencias extendidas en el curso de las actuaciones y los procedimientos tributarios: Se establece que, salvo prueba en contra, tienen naturaleza de documentos públicos y hacen prueba de los hechos que motiven su formalización.

- Con relación a los hechos contenidos en las diligencias y aceptados por el obligado tributario objeto de procedimiento, así como sus manifestaciones: Se presumirán ciertos y sólo podrán rectificarse mediante prueba de que incurrieron en error de hecho.

|| Las presunciones como medio de prueba en el derecho tributario

Las normas tributarias establecen una serie de presunciones que, según señala el artículo 108 de la LGT, pueden destruirse mediante prueba en contrario, excepto en los casos en que una norma con rango de ley expresamente lo prohíba. Añade además que, para que las presunciones no establecidas por las normas sean admisibles como medio de prueba, es indispensable que entre el hecho demostrado y aquel que se trate de deducir haya un enlace preciso y directo según las reglas del criterio humano.

Cabe citar aquí la **sentencia de la Audiencia Nacional, rec. 384/20015, de 17 de abril de 2019, ECLI:ES:AN:2019:1949**, que, citando al Tribunal Supremo, afirma:

> «Nuestra doctrina reiterada sostiene que la válida utilización de esa clase de prueba requiere la concurrencia de los siguientes requisitos: (a) que aparezcan acreditados los hechos constitutivos del indicio o hecho base; (b) que exista una relación lógica entre tales hechos y la consecuencia extraída; y (c) que esté presente el razonamiento deductivo que lleva al resultado de considerar probado el presupuesto fáctico contemplado en la norma para la aplicación de su consecuencia jurídica, como exige de manera expresa el artículo 386.1, párrafo segundo, de la Ley 1/2000, de 7 de enero, de Enjuiciamiento civil (BOE de 8 de enero) Ley de Enjuiciamiento Civil, al señalar que «en la sentencia en la que se aplique el párrafo anterior (las presunciones judiciales) deberá incluir el razonamiento en virtud del cual el tribunal ha establecido la presunción». Dicho, en otros términos, la prueba de presunciones consta de un elemento o dato objetivo, que es el constituido por el hecho base que ha de estar suficientemente acreditado, del que parte la inferencia, esto es, la operación lógica que lleva al hecho consecuencia, que será tanto más rectamente entendida cuanto más coherente y razonable aparezca el camino de la inferencia. Puede hablarse, en tal sentido, de rechazo de la incoherencia, de la irrazonabilidad y de la arbitrariedad, que operan como límites a la admisibilidad de la presunción como prueba [véanse, por todas, las sentencias emanadas de esta misma Sección el 10 de noviembre de 2011 (casación 331/09, FJ 6 °) y 17 de noviembre de 2011 (casación 3979/07, FJ 3°)]».

A continuación, el artículo 108 de la LGT recoge una serie de presunciones:

- La Administración tributaria podrá considerar como titular de cualquier bien, derecho, empresa, servicio, actividad, explotación o función a quien figure como tal en un **registro fiscal o en otros de carácter público**, salvo prueba en contrario.

- Los **datos y elementos de hecho consignados en las autoliquidaciones, declaraciones, comunicaciones** y demás documentos presentados por los obligados tributarios se presumen ciertos para ellos y sólo podrán rectificarse por los mismos mediante prueba en contrario.

- Los **datos incluidos en declaraciones o contestaciones a requerimientos** en cumplimiento de la obligación de suministro de información recogida en los artículos 93 y 94 de la LGT que vayan a ser utilizados en la regularización de la situación tributaria de otros obligados se presumen ciertos, pero deberán ser contrastados de acuerdo con lo dispuesto en esta sección cuando el obligado tributario alegue la inexactitud o falsedad de los mismos. Para ello podrá exigirse al declarante que ratifique y aporte prueba de los datos relativos a terceros incluidos en las declaraciones presentadas.

- En el caso de obligaciones tributarias con periodos de liquidación inferior al año, se podrá realizar una distribución lineal de la cuota anual que resulte entre los periodos de liquidación correspondientes cuando la Administración Tributaria no pueda, en base a la información obrante en su poder, atribuirla a un periodo de liquidación concreto conforme a la normativa reguladora del tributo, y el obligado tributario, requerido expresamente a tal efecto, no justifique que procede un reparto temporal diferente.

> **RESOLUCIÓN RELEVANTE**
>
> **Sentencia de la Audiencia Nacional, rec. 61/2022, de 13 de octubre de 2025, ECLI:ES:AN:2025:4526**
>
> **Asunto: La validez constitucional de las presunciones.**
>
> *«Como señala, entre otras, la STS de 25 de noviembre de 2019,el Tribunal Constitucional "ha venido considerando que las presunciones son medio de prueba válido y eficaz siempre que los indicios hayan quedado suficientemente probados por medios directos y que exista el necesario enlace prelación unívoca entre el hecho base debidamente acreditado de indicio y el hecho consecuente deducido o presumido qué se pretende, acreditar para la aplicación de la norma y que se exprese, razonadamente, el referido enlace de relación (ya desde las tempranas TC de, 21 de diciembre de 1988, de 8 de junio de 1990, de 24 de enero de 1991, de 13 de julio de 1998 y de 20 de enero de 1999) (...)."».*

1.6. Notificaciones en materia tributaria

¿Cómo se realizan las notificaciones de los actos tributarios?

Las notificaciones de los actos tributarios se someten al régimen general de las notificaciones previsto en las normas administrativas, con las especialidades que establece la LGT. De acuerdo con ello, la notificación de un acto administrativo tiene una doble finalidad:

- De ella depende la propia eficacia del acto, conforme a lo establecido en el artículo 39 de la LPAC.

- Es el presupuesto para que el interesado pueda ejercitar su derecho al recurso.

A este respecto nuestra jurisprudencia —véase, por ejemplo, la **STS n.º 1558/2023, de 23 de noviembre, ECLI:ES:TS:2023:5121**— ha venido señalando que *«(...) sí, pese a los vicios de cualquier gravedad en la notificación, puede afirmarse que el interesado llegó a conocer el acto o resolución por cualquier medio -y, por lo tanto, pudo defenderse frente al mismo-, o no lo hizo exclusiva-*

mente por su negligencia o mala fe, no cabe alegar lesión alguna de las garantías constitucionales, dado el principio antiformalista y el principio general de buena fe que rigen en esta materia, según reiterada jurisprudencia».

RESOLUCIÓN RELEVANTE

Sentencia del Tribunal Supremo n.° 1501/2025, de 20 de noviembre, ECLI:ES:TS:2025:5446

Asunto: Jurisprudencia del TS sobre las notificaciones administrativas.

«Con carácter general se ha entendido que lo relevante en las notificaciones no es tanto que se cumplan las previsiones legales sobre cómo se llevan a efecto las notificaciones, sino el hecho de que los administrados lleguen a tener conocimiento de ellas o haya podido tener conocimiento del acto notificado, en dicho sentido la sentencia del Tribunal Supremo de 7 de octubre de 2015, rec. cas. 680/2014; puesto que la finalidad constitucional, a la que antes se hacía mención, se manifiesta en que su finalidad material es llevar al conocimiento de sus destinatarios los actos y resoluciones al objeto de que éstos puedan adoptar la conducta procesal que consideren conveniente a la defensa de sus derechos e intereses y, por ello, constituyen elemento fundamental del núcleo de la tutela judicial efectiva sin indefensión garantizada en el art. 24.1 de la Constitución española (CE), sentencias del Tribunal Constitucional 59/1998, de 16 de marzo, FJ 3, ó 221/2003, de 15 de diciembre, FJ 4; 55/2003, de 24 de marzo, FJ 2. Este es el foco que en definitiva debe alumbrar cualquier lectura que se haga de esta materia, lo que alcanza, sin duda, también a las notificaciones electrónicas.

Desde luego el desconocimiento de lo que se notifica, hace imposible no ya que pueda desplegarse una defensa eficaz, sino cualquier defensa. Por ello, lo realmente sustancial es que el interesado llegue al conocimiento del acto, sea uno u otro el medio, y por consiguiente pudo defenderse, o no lo hizo exclusivamente por su negligencia o mala fe, en cuyo caso no cabe alegar lesión alguna de las garantías constitucionales, dado el principio antiformalista y el principio general de buena fe que rigen en esta materia, sentencias del Tribunal Constitucional 101/1990, de 4 de junio, FJ 1; 126/1996, de 9 de julio, FJ 2; 34/2001, de 12 de febrero, FJ 2; 55/2003, de 24 de marzo, FJ 2; 90/2003, de 19 de mayo, FJ 2; y 43/2006, de 13 de febrero, FJ 2]. Por ello, como este Tribunal ha dicho, lo relevante, pues, no es tanto que se cumplan las previsiones legales sobre cómo se llevan a efecto las notificaciones, sino el hecho de que los administrados lleguen a tener conocimiento de ellas. Todo lo cual lleva a concluir, en palabras del propio Tribunal Constitucional, que ni toda deficiencia en la práctica de la notificación implica necesariamente una vulneración del art. 24.1 CE, ni, al contrario, una notificación correctamente practicada en el plano formal supone que se alcance la finalidad que le es propia, es decir, que respete las garantías constitucionales que dicho precepto establece, sentencias del Tribunal Constitucional 126/1991, FJ 5; 290/1993, FJ 4; 149/1998, FJ 3; y 78/1999, de 26 de abril, FJ 2].

Debe tenerse en cuenta que, como se ha señalado en numerosas ocasiones por este Tribunal, con carácter general, cuando se respetan en la notificación las formalidades establecidas normativamente siendo su única finalidad la de garantizar que el acto o resolución llegue a conocimiento del interesado, debe partirse en todo caso de la presunción iuris tantum de que el acto de que se trate ha llegado tempestivamente a conocimiento del interesado; presunción que cabe enervar por el interesado de acreditar suficientemente, bien que, pese a su diligencia, el acto no llegó a su conocimiento o lo hizo en una fecha en la que ya no cabía reaccionar contra el mismo; o bien que, pese a no haber actuado con la diligencia debida (naturalmente, se excluyen los casos en que se aprecie mala fe), la Administración tributaria tampoco ha procedido con la diligencia y buena fe que le resultan reclamables».

|| El lugar de notificación del acto tributario

En los procedimientos iniciados a solicitud del interesado, la notificación se practicará en el lugar señalado a tal efecto por el obligado tributario o su representante o, en su defecto, en el domicilio fiscal de uno u otro.

En los procedimientos iniciados de oficio, la notificación podrá practicarse en el domicilio fiscal del obligado tributario o su representante, en el centro de trabajo, en el lugar donde se desarrolle la actividad económica o en cualquier otro adecuado a tal fin.

La LGT establece, por tanto, diversos lugares para la práctica de la notificación en función de si el acto a notificar se dicta en el seno de un procedimiento iniciado a instancia de parte o de oficio. A estos efectos tal y como recoge el Tribunal Supremo en su **sentencia, rec. 680/2014, de 7 de octubre de 2015, ECLI:ES:TS:2015:4331**:

> «En este contexto, si el **procedimiento** se inicia a **instancia de parte** la notificación se practicará en el lugar señalado a tal efecto por el obligado tributario o su representante o, en su defecto, en el domicilio fiscal de uno u otro (artículo 110.1 de la LGT). De forma que la Administración Tributaria podrá practicar sus notificaciones no sólo en el domicilio fiscal (aunque sigue siendo el lugar prevalente), sino en el lugar que señale el interesado o su representante (que puede coincidir o no con el domicilio fiscal).
>
> Si no se pudiera practicar la notificación en ninguno de estos lugares, no se permite a la Administración que lo intente en cualquier otro lugar adecuado a tal fin, como puede ser el lugar de trabajo del interesado, tal como preveía el artículo 105.4 de la LGT de 1963.
>
> En cambio, en los **procedimientos iniciados de oficio** la notificación podrá practicarse en el domicilio fiscal del obligado tributario o su representante, en el centro de trabajo, en el lugar donde se desarrolle su actividad económica o en cualquier otro adecuado a tal fin (artículo 110.2 de la LGT).
>
> En este caso, queda en manos de la Administración la elección concreta de uno de los siguientes lugares para la práctica de la notificación, sin quedar sujeta a un orden de prelación determinado a diferencia de lo que ocurre cuando el procedimiento se inicia a instancia de parte: el domicilio fiscal del obligado o su representante, el lugar de trabajo del interesado o el lugar donde desarrolla su actividad económica o bien cualquier otro lugar adecuado a tal fin.
>
> Finalmente hay que señalar que, si bien el domicilio fiscal no es el único lugar donde pueden practicarse las notificaciones tributarias, sigue ocupando un puesto destacado, aunque no preferente, tal como evidencia tanto el propio artículo 110 como el 111.1 (en relación con la posibilidad de la recepción de la notificación por un tercero que se encuentre en el domicilio fiscal del interesado o su representante) y el 112 de la LGT (en tanto que, en principio, dos intentos de practicar sin éxito la notificación en el domicilio fiscal habilitan para la práctica de la notificación por comparecencia)».

El Tribunal Supremo ha señalado que, si bien, esta distinción obedece a la propia mecánica del inicio de un procedimiento donde se hace necesario que, en los instados por el particular, la Administración sepa donde poder notificar sus decisiones, el contribuyente también podrá en los iniciados de oficio, si así lo manifiesta expresamente, designar otro domicilio donde se practiquen los actos de comunicación, sobre todo si de ello depende su derecho a la defensa. Por ello en la **STS n.º 902/2025, de 1 de julio, ECLI:ES:TS:2025:3259**, se fija como **doctrina** que «(...) *en los procedimientos tributarios iniciados de oficio o a instancia de parte, la Administración tributaria deberá practicar las notificaciones por el cauce que sea procedente u obligatorio, en el domicilio expresamente designado por el contribuyente o su representante legal, sobre todo cuando de ello depende su derecho a la defensa*».

|| ¿Quiénes están legitimados para recibir las notificaciones?

El artículo 111 de la LGT establece los casos tasados en los que se permite que la notificación se practique a través de las personas concretas que enumera, distintas del obligado tributario o de su representante, y en este sentido dispone que cuando la notificación se practique en el lugar señalado al efecto por el obligado tributario o por su representante, o en el domicilio fiscal de uno u otro, de no hallarse presentes en el momento de la entrega, podrá hacerse cargo de la misma:

- Cualquier persona que se encuentre en dicho lugar o domicilio y haga constar su identidad.
- Los empleados de la comunidad de vecinos o de propietarios donde radique el lugar señalado a efectos de notificaciones o el domicilio fiscal del obligado o su representante.

Cabe citar aquí la **sentencia del Tribunal Supremo n.º 6/2018, de 4 de enero, ECLI:ES:TS:2018:28**, en la que se interpreta dicho artículo de la siguiente manera:

> «Y esta conclusión no resulta desvirtuada por la doctrina jurisprudencial citada por la parte recurrente, porque el Tribunal Supremo admite que su elaboración es muy casuística y establece que «al objeto de determinar si debe entenderse que el acto administrativo o resolución notificada llegó o debió llegar a conocimiento tempestivo del interesado, los elementos que, con carácter general deben ponderarse, son dos. En primer lugar, el **grado de cumplimiento por la Administración de las formalidades establecidas en la norma en materia de notificaciones**, en la medida en que tales formalidades van únicamente dirigidas a garantizar que el acto llegue efectivamente a conocimiento de su destinatario. Y, en segundo lugar, las **circunstancias particulares concurrentes en cada caso**, entre las que necesariamente deben destacarse tres: a) el **grado de diligencia demostrada tanto por el interesado como por la Administración**; b) el **conocimiento que**, no obstante el incumplimiento en su notificación de todas o algunas de las formalidades previstas en la norma, **el interesado haya podido tener del acto o resolución** por cualesquiera medios; y, en fin, c) el **comportamiento de los terceros** que, en atención a la cercanía o proximidad geográfica con el interesado, pue-

den aceptar y aceptan la notificación» - STS, Sala 3ª, sec. 2ª, S 17-2-2014, rec. 3075/2010 -.

Ya se han analizado las circunstancias concurrentes y de las mismas no se desprende a juicio de la Sala que la actuación del tercero, compañero de despacho del representante de la sociedad, al rehusar la notificación por no estar autorizado, contravenga las exigencias propias de la buena fe».

Nuestro Alto Tribunal —**STS, rec. 680/2014, de 7 de octubre, ECLI:ES:TS:2015:4331**— también ha señalado que, con relación al artículo 111 de la LGT, es necesario realizar las siguientes observaciones:

- La recepción por una tercera persona solamente puede suceder cuando el lugar para practicar la notificación es el domicilio o el lugar señalado a tal efecto por el obligado o su representante no en el resto de casos.

- Como el legislador ha utilizado la expresión «podrá hacerse cargo» la tercera persona de la notificación, ello supone que no impone a la persona que se encuentre en el domicilio del interesado o su representante la obligación de recibir la notificación, sino que simplemente están facultados a ello. Es decir, la vigente LGT (al igual que la de 1963), siguiendo los pasos de la LRJPAC, no impone la obligación de colaborar en la recepción de la notificación, pero la facilita.

El rechazo de la notificación realizado por el interesado o su representante implicará que se tenga por efectuada la misma.

RESOLUCIÓN RELEVANTE

STS n.º 513/2019, de 11 de abril, ECLI:ES:TS:2019:1270

Asunto: Sistematización de la jurisprudencia del TC y del TS sobre la validez de las notificaciones.

«Algunas de las ideas principales que se destacan en orden a esa meta de homogeneidad se pueden resumir en lo siguiente:

- La notificación tiene una suma relevancia para el ejercicio de los derechos y la defensa de los intereses que se quieran hacer valer frente a una determinada actuación administrativa.

- La función principal de la notificación es precisamente dar a conocer al interesado el acto que incida en su esfera de derechos o intereses.

Lo que acaba de afirmarse pone bien de manifiesto que lo relevante para decidir la validez o no de una notificación será que, a través de ella, el destinatario de la misma haya tenido un real conocimiento del acto notificado.

- Las consecuencias finales de lo que antecede serán básicamente estas dos: que la regularidad formal de la notificación no será suficiente para su validez si el notificado no tuvo conocimiento real del acto que había de comunicársele; y, paralelamente, que los incumplimientos de las formalidades establecidas no serán obstáculo para admitir la validez de la notificación si ha quedado debidamente acreditado que su destinatario tuvo un real conocimiento del acto comunicado.

Con base en las anteriores ideas se subraya la necesidad de diferenciar situaciones y sentar respecto de ellas algunos criterios; una diferenciación que principalmente conduce a lo que continúa:

> - *Notificaciones que respetan todas las formalidades establecidas: en ellas debe de partirse de la presunción iuris tantum de que el acto ha llegado tempestivamente a conocimiento del interesado; pero podrán enervarse en los casos en los que se haya acreditado suficientemente lo contrario.*
>
> - *Notificaciones de que han desconocido formalidades de carácter sustancial (entre las que deben incluirse las practicadas, a través de un tercero, en un lugar distinto al domicilio del interesado: en estas ha de presumirse que el acto no llegó a conocimiento tempestivo del interesado y le causó indefensión; pero esta presunción admite prueba en contrario cuya carga recae sobre la Administración, una prueba que habrá de considerarse cumplida cuando se acredite suficientemente que el acto llegó a conocimiento del interesado.*
>
> - *Notificaciones que quebrantan formalidades de carácter secundario: en las mismas habrá de partir de de la presunción de que él acto ha llegado a conocimiento tempestivo del interesado».*

|| La notificación por comparecencia

El artículo 112 de la LGT faculta a la Administración a realizar notificaciones por comparecencia, y para ello exige el cumplimiento de los siguientes requisitos:

- Que no sea posible efectuar la notificación al interesado o a su representante por causas no imputables a la Administración tributaria.

- La notificación debe haberse intentado al menos dos veces en el domicilio fiscal, o en el designado por el interesado si se trata de un procedimiento iniciado a solicitud del mismo. Será suficiente un solo intento cuando el destinatario conste como desconocido en dicho domicilio o lugar.

- Los intentos de notificación se harán constar en el expediente de las circunstancias de los intentos de notificación.

A TENER EN CUENTA. El apartado primero del artículo 114 del RGAT dispone que cuando no sea posible efectuar la notificación al obligado tributario o a su representante por causas no imputables a la Administración se harán constar en el expediente las circunstancias del intento de notificación. Se dejará constancia expresa del rechazo de la notificación, de que el destinatario está ausente o de que consta como desconocido en su domicilio fiscal o en el lugar designado al efecto para realizar la notificación. Una vez realizados los dos intentos de notificación sin éxito se procederá cuando ello sea posible a dejar al destinatario aviso de llegada en el correspondiente casillero domiciliario, indicándole en la diligencia que se extienda por duplicado, la posibilidad de personación ante la dependencia al objeto de hacerle entrega del acto, plazo y circunstancias relativas al segundo intento de entrega. Dicho aviso de llegada se dejará a efectos exclusivamente informativos.

Cuando se den estas circunstancias se citará al interesado o a su representante para ser notificados por comparecencia por medio de anuncios que se publicarán, por una sola vez para cada interesado, en el Boletín Oficial del Estado. Esta publicación en el BOE se efectuará los lunes, miércoles y viernes de cada semana. Estos anuncios podrán exponerse asimismo en la oficina de la Administración tributaria correspondiente al último domicilio fiscal conocido. En el caso de que el último domicilio conocido radicara en el extranjero, el anuncio se podrá exponer en el consulado o sección consular de la embajada correspondiente.

> **CUESTIÓN**
>
> **¿Qué datos deben constar en la publicación?**
>
> En la publicación constarán:
>
> – La relación de notificaciones pendientes.
>
> – Indicación del obligado tributario o su representante.
>
> – El procedimiento que las motiva.
>
> – El órgano competente de su tramitación.
>
> – El lugar y plazo en que el destinatario de las mismas deberá comparecer para ser notificado.

Mediante este anuncio se busca convocar la comparecencia del obligado ausente, con la finalidad de practicar una notificación personal. Luego no se trata de la publicación de la resolución por medio de edictos sino de la citación al interesado por este medio para ser notificado por comparecencia.

Se ha planteado en la práctica la cuestión de la eficacia de la notificación edictal cuando a pesar de no haberse realizado de forma expresa la declaración de cambio de domicilio, como requiere el artículo 48 de la LGT, no obstante, la Administración puede conocer que ese cambio se ha producido. Debe tenerse en cuenta que, si bien, cuando el destinatario no es hallado en el lugar por él designado, la Administración no tiene obligación de llevar a cabo «largas, arduas y complejas indagaciones ajenas a su función» **(sentencia del Tribunal Constitucional n.º 133/1986, de 29 de octubre, ECLI:ES:TC:1986:133)**, en ocasiones la Administración puede investigar el cambio de domicilio con una mínima gestión. En estos casos, es exigible a la Administración una mínima comprobación antes de optar por la publicación edictal. Así lo ha declarado la jurisprudencia exigiendo de la Administración una labor razonablemente prudente para notificar al interesado los actos que le afecten. Por lo tanto, aunque es carga del obligado tributario la comunicación del cambio de domicilio fiscal, de modo que la Administración debe intentar la notificación en el domicilio declarado, en los supuestos en que fácilmente puede comprobar la variación o existan indicios para hacer pensar que ese cambio se ha producido, debe realizar una mínima investigación. Por ello, el Tribunal Supremo, aunque establece como doctrina legal que el cambio de domicilio declarado a otros efectos administrativos no sustituye la declaración tributaria expresa de cambio de domicilio fiscal, ha reconocido que una declaración-liquidación o autoliquidación realizada con motivo de un tributo del que deba tener conocimiento la Administración en el desarrollo de la gestión tributaria de aquél, puede equivaler a la declaración expresa de cambio de domicilio fiscal.

La comparecencia deberá producirse en el plazo de **15 días naturales**, contados desde el siguiente al de la publicación del anuncio en el BOE. Transcurrido dicho plazo sin comparecer, la notificación se entenderá producida a todos los efectos legales el día siguiente al del vencimiento del plazo señalado. En el caso de que la comparecencia se produzca se practicará la notificación correspondiente y se dejará constancia de la misma en la correspondiente diligencia en la que, además, constará la firma del compareciente.

Deberá incorporarse al expediente la referencia al boletín oficial donde se publicó el anuncio.

Cuando el inicio de un procedimiento o cualquiera de sus trámites se entiendan notificados por no haber comparecido el obligado tributario o su representante, se le tendrá por notificado de las sucesivas actuaciones y diligencias de dicho procedimiento, y se mantendrá el derecho que le asiste a comparecer en cualquier momento del mismo. Sin embargo, deberán ser notificados conforme a lo expuesto en este apartado tanto las liquidaciones que se dicten en el procedimiento como los acuerdos de enajenación de los bienes embargados.

Por tanto, tal y como señala la **STS, rec. 2307/2014, de 9 de marzo de 2016, ECLI:ES:TS:2016:1049**, con relación al artículo 112 de la LGT: «*En este supuesto se citará al interesado o a su representante para ser notificados por comparecencia por medio de anuncios que se publicarán, por una sola vez para cada interesado, en el Boletín Oficial del Estado o en los Boletines de las Comunidades Autónomas o de las provincias según la Administración de la que proceda el acto que se pretende notificar y el ámbito territorial del órgano que lo dicta. En todo caso, la comparecencia deberá producirse en el plazo de 15 días naturales, contados desde el siguiente al de la publicación en la sede electrónica o la publicación del anuncio en el correspondiente «Boletín Oficial». Transcurrido dicho plazo sin comparecer, la notificación se entenderá producida a todos los efectos legales el día siguiente al del vencimiento del plazo señalado*».

| Las notificaciones fiscales por medios electrónicos

El **Real Decreto 1363/2010, de 29 de octubre, por el que se regulan supuestos de notificaciones y comunicaciones administrativas obligatorias por medios electrónicos en el ámbito de la Agencia Estatal de Administración Tributaria**, establece la obligación de utilizar medios electrónicos en las comunicaciones y notificaciones que deba efectuar la AEAT en sus actuaciones y procedimientos tributarios, aduaneros y estadísticos de comercio exterior y en la gestión recaudatoria de los recursos de otros entes y Administraciones públicas que tiene atribuida o encomendada.

Estarán **obligados a recibir** por medios electrónicos las comunicaciones y notificaciones administrativas que les dirija la AEAT las entidades que tengan la forma jurídica de:

- **Sociedad anónima** (NIF que empiece por la letra A).
- Sociedad de **responsabilidad limitada** (NIF que empiece por la letra B).

- Las personas **jurídicas y entidades sin personalidad jurídica** que carezcan de nacionalidad española (NIF que empiece por la letra N).

- Los **establecimientos permanentes y sucursales** de entidades no residentes en territorio español (NIF que empiece con la letra W).

- Las **Uniones Temporales de Empresas** (NIF empieza por la letra U).

- Las **entidades cuyo NIF empiece por la letra V** y se corresponda con uno de los siguientes tipos: Agrupación de interés económico, Agrupación de interés económico europea, Fondo de Pensiones, Fondo de capital riesgo, Fondo de inversiones, Fondo de titulización de activos, Fondo de regularización del mercado hipotecario, Fondo de titulización hipotecaria o Fondo de garantía de inversiones.

Con **independencia de su personalidad o forma jurídica**, estarán **obligados a recibir** por medios electrónicos las notificaciones de la AEAT las personas y entidades que:

- Estuvieran inscritas en el **Registro de grandes empresas,** es decir, aquellas cuyo volumen de operaciones supere la cifra de 6.010.121,04 euros durante el año inmediato anterior (artículo 3.5 del Real Decreto 1065/2007, de 27 de julio, por el que se aprueba el Reglamento General de las actuaciones y los procedimientos de gestión e inspección tributaria y de desarrollo de las normas comunes de los procedimientos de aplicación de los tributos).

- Que hayan optado por la tributación en el **régimen de consolidación fiscal,** en virtud de lo dispuesto en la LIS.

- Que hayan optado por la tributación en el **régimen especial del grupo de entidades,** regulado en la LIVA.

- Que estuvieran inscritas en el **registro de devolución mensual,** regulado en el RIVA.

- Aquellas que tengan la condición de representantes aduaneros según lo dispuesto en el Real Decreto 335/2010, de 19 de marzo, por el que se regula el derecho a efectuar declaraciones en aduana y la figura del representante aduanero, o presenten declaraciones aduaneras por vía electrónica.

El obligado será excluido del sistema de dirección electrónica cuando dejen de concurrir en él las circunstancias que determinaron su inclusión, siempre que así lo **solicite expresamente**, por medio de solicitud específica presentada por medios electrónicos en la sede electrónica de la AEAT.

No obstante, lo establecido en el apartado anterior, la Agencia Estatal de Administración Tributaria podrá practicar las notificaciones por los medios no electrónicos:

- Cuando la comunicación o notificación se realice con ocasión de la comparecencia espontánea del obligado (o representante) en las oficinas de la AEAT y solicite la comunicación personal en ese momento.

- Cuando la comunicación o notificación electrónica resulte incompatible con la inmediatez o celeridad que requiera la actuación administrativa para asegurar su eficacia.

- Cuando las comunicaciones y notificaciones hubieran sido puestas a disposición del prestador del servicio de notificaciones postales para su entrega a los obligados tributarios con antelación a la fecha en que la AEAT tenga constancia de la comunicación al obligado de su inclusión en el sistema de dirección electrónica habilitada.

Si en algunos de los supuestos referidos en el apartado anterior la Agencia Estatal de Administración Tributaria llegara a practicar la comunicación o notificación por medios electrónicos y no electrónicos, se entenderán producidos todos los efectos a partir de la primera de las comunicaciones o notificaciones efectuada.

En **ningún caso** se efectuarán en la dirección electrónica habilitada las siguientes comunicaciones y notificaciones:

- Aquellas en las que el acto a notificar vaya acompañado de elementos que no sean susceptibles de conversión en formato electrónico.

- Las que, con arreglo a su normativa, deban practicarse mediante personación en el domicilio fiscal del obligado o en otro lugar señalado al efecto por la normativa o en cualquier otra forma no electrónica.

- Las que efectúe la AEAT en la tramitación de las reclamaciones económico-administrativas.

- Las que contengan medios de pago a favor de los obligados, tales como cheques.

- Las dirigidas a las entidades de crédito adheridas al procedimiento para efectuar por medios electrónicos el embargo de dinero en cuentas abiertas en entidades de crédito.

- Las dirigidas a las entidades de crédito que actúen como entidades colaboradoras en la gestión recaudatoria de la AEAT, en el desarrollo del servicio de colaboración.

- Las dirigidas a las entidades de crédito adheridas al procedimiento electrónico para el intercambio de ficheros entre la AEAT y las entidades de crédito, en el ámbito de las obligaciones de información a la Administración tributaria relativas a extractos normalizados de cuentas corrientes.

- Las que deban practicarse con ocasión de la participación por medios electrónicos en procedimientos de enajenación de bienes desarrollados por los órganos de recaudación de la AEAT.

La AEAT **deberá** notificar a los sujetos obligados su inclusión en el sistema de dirección electrónica habilitada.

En los supuestos de alta en el **Censo de Obligados Tributarios** la notificación de la inclusión en el sistema de dirección electrónica habilitada se podrá realizar junto a la correspondiente a la comunicación del número de identificación fiscal que le corresponda.

1.7. Entrada en el domicilio de los obligados tributarios

La entrada en el domicilio de los obligados tributarios y la necesaria autorización judicial

Cuando en los procedimientos de aplicación de los tributos sea necesario entrar en el domicilio constitucionalmente protegido de un obligado tributario o efectuar registros en el mismo, la Administración tributaria deberá obtener el **consentimiento** de aquél o la oportuna **autorización judicial**. Así aparece recogido en el artículo 113 de la LGT.

El mentado artículo establece los requisitos que debe reunir la solicitud de autorización judicial para la ejecución del acuerdo de entrada en el domicilio:

- Debe estar debidamente justificada.
- Debe motivar la finalidad, necesidad y proporcionalidad de la entrada.

La solicitud y la concesión de la autorización judicial podrán practicarse incluso con carácter previo al inicio formal del correspondiente procedimiento, si bien se exige que el acuerdo de entrada contenga:

- La identificación del obligado tributario.
- Los conceptos y períodos que van a ser objeto de comprobación.

> **A TENER EN CUENTA**. El artículo 113 de la LGT ha sido modificado por la Ley 11/2021, de 9 de julio, de medidas de prevención y lucha contra el fraude fiscal, con efectos a partir del 11 de julio de 2021.

El **artículo 18 de nuestra Carta Magna**, reconoce como derecho fundamental la **inviolabilidad del domicilio**, entendido como derecho de no penetración en el domicilio en contra de la voluntad del titular del mismo. Este derecho de la persona se establece para garantizar su ámbito de privacidad, dentro del espacio limitado que la propia persona elige y que tiene que caracterizarse precisamente por quedar exento o inmune a las invasiones o agresiones exteriores, de otras personas o de la autoridad pública.

Pero la inviolabilidad del domicilio es un derecho relativo y limitado en cuanto que la propia Constitución autoriza su restricción en los supuestos y en las condiciones contemplados por la ley. Conforme al artículo 18 de la CE *«El domicilio es inviolable. Ninguna entrada y registro podrá hacerse en él sin consentimiento del titular o resolución judicial, salvo en los casos de flagrante delito»*.

Los **artículos 545 y ss. de la Ley de Enjuiciamiento Criminal** establecen los **presupuestos legales para la restricción válida** de este derecho con fines de investigación judicial penal. Por su parte, el **artículo 93.5 de la LOPJ** y el **artículo 8.6 de la LJCA** regulan la entrada administrativa, atribuyendo a los Juzgados/Secciones de lo Contencioso-Administrativo la competencia para autorizar, mediante auto, la entrada en los domicilios y en los restantes edificios o lugares cuyo acceso requiera el consentimiento del titular, cuando ello proceda para la ejecución forzosa de actos de la Administración.

> **A TENER EN CUENTA.** El artículo 8 de la LJCA ha sido modificado en su apartado 6 por la Ley 11/2021, de 9 de julio, de medidas de prevención y lucha contra el fraude fiscal, con entrada en vigor el 11/07/2021 (día siguiente al de la publicación en el BOE de la norma). Se modifica añadiendo un último párrafo que establece lo siguiente:
>
> «Los **Juzgados de lo Contencioso-administrativo conocerán también de las autorizaciones para la entrada en domicilios y otros lugares constitucionalmente protegidos**, que haya sido **acordada por la Administración Tributaria** en el marco de una actuación o procedimiento de aplicación de los tributos aún con carácter previo a su inicio formal cuando, requiriendo dicho acceso el consentimiento de su titular, este se oponga a ello o exista riesgo de tal oposición».
>
> Además, también hay que recordar que, tras la reforma realizada por la LO 1/2025, de 2 de enero, una vez implantados de forma efectiva los tribunales de instancia (D.T. 1.ª), todas las referencias realizadas a los juzgados unipersonales se entenderán realizadas a las secciones del orden jurisdiccional correspondiente de los tribunales de instancia.

El domicilio inviolable es un espacio en el cual el individuo vive sin estar sujeto necesariamente a los usos y convenciones sociales y ejerce su libertad más íntima. Por ello, a través de este derecho no sólo es objeto de protección el espacio físico en sí mismo considerado, sino lo que en él hay de emanación de la persona y de esfera privada de ella.

El derecho a la inviolabilidad del domicilio **es predicable no sólo de las personas físicas sino también de las personas jurídicas**. Como ha declarado el Tribunal Constitucional «*Ausente de nuestro ordenamiento constitucional un precepto similar al que integra el art. 19.3 Ley Fundamental de Bonn, según el cual los derechos fundamentales rigen también para las personas jurídicas nacionales, en la medida en que, por su naturaleza, les resulten aplicables, lo que ha permitido que la jurisprudencia aplicativa de tal norma entienda que el derecho a la inviolabilidad del domicilio conviene también a las Entidades mercantiles, parece claro que nuestro Texto Constitucional, al establecer el derecho a la inviolabilidad del domicilio, no lo circunscribe a las personas físicas, siendo pues extensivo o predicable igualmente en cuanto a las personas jurídicas, del mismo modo que este Tribunal ha tenido ya ocasión de pronunciarse respecto de otros derechos fundamentales, como pueden ser los fijados en el art. 24 CE, sobre prestación de tutela judicial efectiva, tanto a personas físicas como a jurídicas*». **Sentencia del Tribunal Constitucional n.º 137/1985, de 17 de octubre, ECLI:ES:TC:1985:137**.

> **CUESTIÓN**
>
> **¿La autorización de entrada en un domicilio puede incluir la autorización para acceder a la información contenida en dispositivos informáticos?**
>
> Sí, siempre que el auto de autorización justifique la necesidad y proporcionalidad de acceder a dicha información; un ejemplo de ello lo vemos en la **STS n.º 1122/2024, de 25 de junio, ECLI:ES:TS:2024:3662**, en la que se señala:

*«El acceso a la información contenida en equipos o repositorios informáticos de datos que se encuentren en un domicilio constitucionalmente protegido o sean accesibles desde este, **requiere que el auto que autoriza la entrada en dicho domicilio razone de manera específica la justificación del acceso a esa información**, con la finalidad de salvaguardar los derechos fundamentales del art 18 de la de la Constitución que pudieran resultar eventualmente afectados.*

A estos efectos, debe ponderarse la necesidad y proporcionalidad del acceso a tales datos, su naturaleza, la afección a la actividad empresarial o profesional de los equipos o servidores que los contengan, así como los derechos de su titular, según sea una persona física o jurídica».

RESOLUCIÓN RELEVANTE

Sentencia del Tribunal Supremo n.º 1604/2005, de 21 de noviembre, ECLI:ES:TS:2005:7798

Asunto: entrada en un local que no constituye domicilio constitucionalmente protegido. Solo es necesaria autorización de delegado o director del departamento.

«Las oficinas de XXXXX constituían un establecimiento abierto al público, salvo un despacho del administrador acusado XXXXX, habitación a la que no se extendió la entrada y registro. Así ha sido probado a través del acta de inspección y de las declaraciones en el juicio del testigo XXXXX, contable de XXXXX, y del testigo-perito Sr. XXXXXX, inspector de Hacienda que llevó a cabo la actuación.

En consecuencia, el acto de entrada y registro no estuvo sometido a lo establecido en los arts. 558 y 566 LECr. o en el inciso último del art. 141 de la Ley General Tributaria (LGT), sino a lo preceptuado en la primera parte de ese art. 141, lo que implica que bastaba la no oposición de la persona dueña o moradora o encargada de la custodia del local, y, en caso de oposición, la autorización del delegado de Hacienda».

Sentencia del Tribunal Constitucional n.º 54/2015, de 16 de marzo, ECLI:ES:TC:2015:54

Asunto: Garantía de información para poder acceder.

«Ahora bien, en todos los casos, el consentimiento eficaz tiene como presupuesto el de la garantía formal de la información expresa y previa, que debe incluir los términos y alcance de la actuación para la que se recaba la autorización inherente. Así, en el ámbito del derecho a la intimidad, hemos apreciado la vulneración de dicha garantía en los casos en que la actuación no se ajusta a los términos y el alcance para el que se otorgó el consentimiento, quebrando la conexión entre la actuación que se realiza y el objetivo tolerado para el que fue recabado el consentimiento (en este sentido, SSTC 110/1984, de 26 de noviembre, FJ 8, y 70/2009, de 23 de marzo, FJ 2).

6. A la hora de determinar los requisitos del consentimiento del titular ex art. 18.2 CE debemos tomar en consideración el contexto en que se produce la intervención injerente (STC 209/2007, 24 de septiembre, FJ 5)

En el caso ahora examinado, se trata de una actuación que infringe el contenido del art. 18.2 CE, como examinaremos a continuación.

(...)

Tal como se ha expresado anteriormente, la entrada en las dependencias de la empresa se hizo sin advertencia de derechos al interesado, por lo que, en el contexto de esa normativa, los funcionarios actuantes no podían considerar que la falta de oposición del obligado tributario fuera suficiente, pues su Reglamento de actuación les obligaba a despejar toda duda mediante la instrucción de derechos al interesado, advirtiéndole de la posibilidad de oponerse a la entrada en el domicilio para llevar a cabo la actuación inspectora.

Junto a ello, también ha de tenerse en cuenta que los actuarios portaban una autorización administrativa para la entrada que no fue necesario exhibir al ser facilitado el acceso por los socios administradores. Este dato es relevante en este caso pues la advertencia de derechos lógicamente debía incluir este dato, esto es, que portaban una autorización administrativa para el caso de negativa u oposición del obligado tributario, lo cual nos sitúa en una hipótesis de información manifiestamente insuficiente para recabar el consentimiento, pues la autorización administrativa en modo alguno habilita la entrada en los espacios físicos que constituyen el domicilio de la persona jurídica objeto de protección constitucional.

En consecuencia, apreciamos en este caso una quiebra esencial de la garantía de información para recabar consentimiento del interesado, que de esta forma resulta viciado, de lo que se concluye que no hay un consentimiento eficaz para justificar la intromisión domiciliaria en el supuesto contemplado y ello determina la apreciación de la lesión del art. 18.2 CE por la entrada en el domicilio social del día 21 de junio de 2006».

1.8. Denuncia pública ante la Administración tributaria

La regulación de la denuncia pública en el procedimiento tributario

La denuncia pública, regulada en el artículo 114 de la LGT, es una declaración de conocimiento por la cual el denunciante, aunque no presente un interés directo en la investigación del hecho, transmite a la Administración tributaria la noticia de un hecho que pudiera ser constitutivo de infracción tributaria o tener trascendencia para la aplicación de los tributos. Adicionalmente, puede contener elementos volitivos —declaración de voluntad— cuando el denunciante, además de poner el hecho en conocimiento de la autoridad, expresa la voluntad de que se persiga la infracción.

El DEJ RAE define la denuncia pública tributaria como «*Modalidad de inicio del procedimiento tributario que deberá tener como contenido hechos o situaciones que puedan ser constitutivos de infracciones tributarias o con trascendencia para la aplicación de los tributos y que supondrá la iniciación de las correspondientes actuaciones cuando existan indicios suficientes de veracidad en los hechos imputados y estos sean desconocidos para la Administración tributaria*».

La denuncia pública es voluntaria, pues, fuera de los casos en los que el hecho pudiera ser constitutivo de delito, la ley no impone al ciudadano la obligación de denunciar el hecho ilícito, y sin perjuicio de los deberes de información y de colaboración que establecen los artículos 93 y 94 de la LGT.

La Administración solo tiene obligación de proceder cuando existan **indicios suficientes de veracidad** de los hechos imputados y sean desconocidos por la Administración. Cuando la denuncia sea infundada o no esté debidamente determinado el hecho procederá su archivo. En otro caso, la Administración incoará el procedimiento que corresponda.

Como mera declaración de conocimiento, la denuncia pública no supone el ejercicio de acción alguna, por lo que el denunciante no adquiere la condición de parte en el procedimiento incoado por denuncia.

|| Procedimiento

Recibida una denuncia, se remitirá al órgano competente para realizar las actuaciones que pudieran proceder.

Este órgano podrá:

- Acordar el archivo de la denuncia en los siguientes supuestos:
  - » Cuando se considere infundada.
  - » Cuando no se concreten o identifiquen suficientemente los hechos o las personas denunciadas.
- Iniciar las actuaciones que procedan si existen indicios suficientes de veracidad en los hechos imputados y éstos son desconocidos para la Administración tributaria. En este caso, la denuncia no formará parte del expediente administrativo.

CUESTIÓN

¿En qué posición queda el denunciante tras haber presentado la misma?

Una vez interpuesta la denuncia se aparta al denunciante del proceso:

- Como ya hemos apuntado, no se le considerará interesado en las actuaciones administrativas que se inicien como consecuencia de la denuncia.
- No se le informará del resultado de las mismas.
- No estará legitimado para la interposición de recursos o reclamaciones en relación con los resultados de dichas actuaciones.

RESOLUCIÓN ADMINISTRATIVA

Consulta vinculante de la Dirección General de Tributos (V0826-22), de 19 de abril de 2022

Asunto: Limitaciones de la denuncia pública.

«(...) la ley no establece que la legitimación para la presentación de la denuncia pública esté limitada a los obligados tributarios.

Cuestión distinta es que, para iniciar un procedimiento de rectificación de autoliquidaciones se ha de haber presentado la misma como obligado tributario. Así, dispone el artículo 120.3 de la LGT:

"Cuando un obligado tributario considere que una autoliquidación ha perjudicado de cualquier modo sus intereses legítimos, podrá instar la rectificación de dicha autoliquidación de acuerdo con el procedimiento que se regule reglamentariamente.".

> *Es decir, **como denunciante, no cabe solicitar la rectificación de una autoliqui-dación**. Cabe solicitar dicha rectificación como obligado tributario que, en dicha condición, ha presentado la misma siempre que considere que se han perjudicado sus intereses legítimos o bien presentar la solicitud bajo las especialidades del artículo 129 del Reglamento General de las actuaciones y los procedimientos de gestión e inspección tributaria y de desarrollo de las normas comunes de los procedimientos de aplicación de los tributos, aprobado por el Real Decreto 1065/2007, de 27 de julio (BOE de 5 de septiembre), siempre que se estuviera bajo dicho amparo, lo que no se deduce de los hechos expuestos.*
>
> *(...) tal y como se expone en el artículo 114 de la LGT, el órgano competente para realizar las actuaciones será el que determine si se inician o no las mismas, no formando la denuncia parte del expediente administrativo. El denunciante no tiene la consideración de interesado en las actuaciones administrativas que se puedan iniciar ni se le ha de informar sobre las mismas. Asimismo, en base a dicho precepto, **a través de la denuncia pública solo se podrán poner en conocimiento de la Administración tributaria hechos o situaciones que puedan ser constitutivos de infracciones tributarias o tener trascendencia para la aplicación de los tributos, no de carácter estrictamente civil.***
>
> *En cuanto a última cuestión referida al régimen sancionador y, en base al artículo 179 de la LGT, **el hecho de interponer una denuncia no es causa per se, en principio, de exoneración de la responsabilidad en la comisión de infracciones tributarias que se hubieran podido cometer**. En su caso, corresponde al órgano competente de la Administración tributaria gestora dirimir esta cuestión en el procedimiento eventualmente procedente».*

1.9. Potestades y funciones de comprobación e investigación de la Administración tributaria

La potestades y funciones de comprobación e investigación de la Administración tributaria: alcance y límites

La comprobación es una actividad administrativa dirigida a la determinación de los hechos relevantes para la liquidación del tributo y, su caso, para la regularización tributaria del obligado.

Todos los órganos de la Administración tributaria, y no sólo la inspección (artículos 141, 142 y 145 de la LGT), sino también los de gestión (artículos 134 y ss. de la LGT), incluso los de recaudación (artículos 162 de la LGT), tienen competencia para las actividades de comprobación e investigación. Aunque sólo cuando la comprobación la realice la Inspección, la resolución que ponga fin al expediente tendrá la consideración de liquidación definitiva (artículo 101 de la LGT). Por el contrario, las actuaciones de comprobación formal de los datos consignados en las declaraciones tributarias, o las de comprobación abreviada, facultan sólo al órgano de gestión para dictar liquidaciones provisionales. Ello es consecuencia de que las facultades de comprobación en el procedimiento de gestión no alcanzan la amplitud de la comprobación e investigación realizada por la Inspección. Así, la comprobación abreviada en procedimiento de gestión, aunque es algo más que una mera verificación de datos para detectar errores en la declaración o autoliquidación presentada por el contribuyente, o la discordancia de los datos declarados con los obrantes en poder de la Administración (artículos 131 a 133 de la LGT), es limitada en cuanto al objeto, sólo se refiere a las declaraciones o autoliquidaciones presentadas o las omitidas cuando obren antecedentes en poder de la Administración; en los medios, pues los órganos de gestión no tienen la facultad de examen de la contabilidad mercantil ni de requerir de terceros información sobre movimientos financieros, y en cuanto al lugar de realización, pues las actuaciones de comprobación limitada se realizarán con carácter general en las oficinas de la Administración tributaria (artículo 136 de la LGT).

En suma, en sede de gestión las actuaciones de comprobación se refieren a datos y antecedentes que obren en poder de la Administración tributaria, sin que supongan una auténtica investigación del hecho, reservada sólo a la Inspección de los Tributos, a la que el artículo 142 de la LGT reconoce amplias facultades de investigación, con posibilidad de examen de la documentación contable y de requerir información de terceros con el solo límite de que tenga relevancia tributaria. Y estas amplias facultades son reconocidas en el artículo 162 de la LGT a los órganos de recaudación ejecutiva con la finalidad de asegurar o efectuar el cobro de la deuda tributaria.

Por tanto, en virtud de lo dispuesto en el artículo 115 de la LGT, podemos afirmar que la Administración tributaria, para verificar el correcto cumplimiento de las normas aplicables, podrá comprobar e investigar los siguientes aspectos:

- Hechos.
- Actos.
- Elementos.
- Actividades.
- Explotaciones.
- Negocios.
- Valores.
- Las demás circunstancias determinantes de la obligación tributaria.

Esta comprobación e investigación podrá realizarse aún en el caso de que afecte a ejercicios o periodos y conceptos tributarios respecto de los que se hubiese producido la prescripción, ampliándose así el ámbito de las comprobaciones e investigaciones a hechos que tuvieron lugar en ejercicios ya prescritos, siempre que sus efectos afecten a ejercicios no prescritos.

En el desarrollo de las funciones de comprobación e investigación a que se refiere este artículo, la Administración tributaria podrá calificar los hechos, actos, actividades, explotaciones y negocios realizados por el obligado tributario con independencia de la previa calificación que éste último hubiera dado a los mismos y del ejercicio o periodo en el que la realizó, resultando de aplicación, en su caso, lo dispuesto en los artículos 13, 15 y 16 de la LGT.

Esta calificación realizada por la Administración tributaria en los procedimientos de comprobación e investigación en aplicación de lo dispuesto en este apartado **extenderá sus efectos respecto de la obligación tributaria objeto de aquellos** y, en su caso, respecto de **aquellas otras respecto de las que no se hubiese producido la prescripción** regulada en el artículo 66.a) de la LGT.

Estas precisiones con respecto a la imprescriptibilidad de las actuaciones de comprobación han sido introducidas por la Ley 34/2015, de 21 de septiembre, en vigor desde el 12 de octubre de 2015, que también introduce un nuevo artículo 66 bis en la LGT que complementa este derecho de la Administración. Hay que recordar que el Tribunal Supremo ya venía aplicando este criterio aunque no con uniformidad, tal y como bien recoge el voto particular de la **STS n.º 382/2025, de 2 de abril, ECLI:ES:TS:2025:1439**, que analiza el conflicto entre la seguridad jurídica que da la prescripción ya ganada, y la imprescriptibilidad regulada en el artículo 115 de la LGT resumiendo la postura de nuestro Alto Tribunal en distintas sentencias.

A TENER EN CUENTA. Los actos de concesión o reconocimiento de beneficios fiscales que estén condicionados al cumplimiento de ciertas condiciones futuras o a la efectiva concurrencia de determinados requisitos no comprobados en el procedimiento en que se dictaron tendrán carácter provisional. La Administración tributaria podrá comprobar en un posterior procedimiento de aplicación de los tributos la concurrencia de tales condiciones o requisitos y, si procede, regularizar la situación tributaria del obligado sin necesidad de proceder a la previa revisión de dichos actos provisionales.

CUESTIÓN

¿Puede la AEAT exigir justificación documental que afecte a ejercicios prescritos?

Sí, tal y como hemos visto, en virtud del artículo 115 de la LGT podría exigirse documentación de ejercicios prescritos, y así lo recoge la **consulta vinculante de la Dirección General de Tributos (V2513-23), de 18 de septiembre de 2023**: «(...) con independencia de la obligación tributaria en concreto respecto a la cual la Administración tributaria solicite la justificación documental, extremo éste que no es manifestado por el consultante, el artículo 115 de la LGT habilita a esa solicitud, incluso aunque dicha justificación documental afecte a ejercicios prescritos, siempre y cuando resulte precisa en relación a una obligación tributaria no prescrita».

RESOLUCIÓN RELEVANTE

Sentencia de la Audiencia Nacional, rec. 1320/2020, de 23 de junio de 2025, ECLI:ES:AN:2025:3174

Asunto: Aplicación de la imprescriptibilidad de las actuaciones de comprobación incluso para actuaciones realizadas antes de la reforma que la reconoce cuando aún iniciado el procedimiento antes de la reforma no se hubiese formalizado propuesta de liquidación.

*«La jurisprudencia ha interpretado esta reforma legal en el sentido de declarar que, tras la entrada en vigor de la Ley 34/2015, se ha recogido por el legislador el **principio de imprescriptibilidad de las actuaciones de comprobación**, y ello **con independencia de la fecha en que se realizó el negocio "calificado"**, si lo fue bajo la*

*vigencia de la Ley de 1963, como aquí ocurre, o con la vigencia de la LGT de 2003 en la redacción original del artículo 115, pues lo determinante es que el régimen jurídico establecido tras la reforma de la Ley General Tributaria llevada a cabo por la Ley 34/2015 resulte de aplicación, por tratarse de procedimientos de comprobación e investigación ya iniciados a la entrada en vigor de la Ley, en los que a dicha fecha **no se hubiera formalizado propuesta de liquidación** (por ejemplo, en sentencia del Tribunal Supremo de 11 de marzo de 2024, rec. 8243/2022, FJ 4.5).*

40. Según la jurisprudencia, tras la reforma de la Ley 34/2015 se han reforzado las potestades administrativas en esta materia, lo que se desprende no solo del tenor del artículo 115 LGT que impulsa la reforma, sino de la introducción del nuevo artículo 66 bis, habiéndose dado reflejo legal al criterio tradicionalmente mantenido por la Administración tributaria, conforme al cual el artículo 66 LGT, que regula el instituto de la prescripción, no impide comprobar ejercicios prescritos que puedan proyectar sus efectos en ejercicios no prescritos (por ejemplo, en sentencia del Tribunal Supremo de 11 de marzo de 2024, rec. 8243/2022, FJ 4.5).

*41. En definitiva -concluye el Tribunal Supremo-, **se amplían las facultades de la Administración tributaria, que podrá comprobar e investigar los hechos, actos, elementos, explotaciones, negocios, valores y demás circunstancias que determinen la obligación tributaria aun cuando éstos afecten a ejercicios o periodos y conceptos tributarios respecto de los que se hubiese producido la prescripción del derecho de la Administración a determinar la deuda tributaria mediante la oportuna liquidación, siempre y cuando hubieran de surtir efectos fiscales en ejercicios o periodos en los que dicha prescripción no se hubiese producido** (por ejemplo, en sentencia del Tribunal Supremo de 11 de marzo de 2024, rec. 8243/2022, FJ 4.6).*

42. Lo resuelto hasta aquí permite descartar, por una parte, que sea aplicable el art. 115 de la LGT en su redacción original, como sostiene el recurrente.

43. Al resultar aplicable la redacción del art. 115 de la LGT introducida por la Ley 34/2015, conforme a la jurisprudencia expuesta, no hay duda de que la Administración tributaria podía comprobar e investigar los hechos determinante de la obligación tributaria aun cuando éstos afectaran a ejercicios o periodos y conceptos tributarios respecto de los que se hubiese producido la prescripción del derecho de la Administración a determinar la deuda tributaria mediante la oportuna liquidación, siempre y cuando hubieran de surtir efectos fiscales en ejercicios o periodos en los que dicha prescripción no se hubiese producido, como es el caso».

|| El plan de control tributario

El DEJ RAE define el plan de control tributario como el «(...) *Documento elaborado por la Administración tributaria de carácter reservado, sin perjuicio de la publicidad de las directrices generales que lo informan, en el que se determinan anualmente las líneas de actuación de prevención y control del fraude más relevantes*».

Por su parte, el artículo 116 de la LGT dispone que la Administración tributaria elaborará anualmente un plan de control tributario que tendrá carácter reservado, aunque ello no impedirá que se hagan públicos los criterios generales que lo informen.

Por su parte, el artículo 170 del RGAT dispone que cada Administración tributaria integrará en el Plan de control tributario, el plan o los planes parciales de inspección, que se basarán en los siguientes criterios:

- Riesgo fiscal.
- Oportunidad.
- Aleatoriedad.
- Otros criterios que se estimen pertinentes.

Añade también que: «*En el ámbito de las competencias de la Agencia Estatal de Administración Tributaria, el plan o los planes parciales de inspección se elaboraran anualmente basándose en las directrices del Plan de control tributario, en el que se tendrán en cuenta las propuestas de los órganos inspectores territoriales, y se utilizará el oportuno apoyo informático*».

Resulta interesante citar aquí la **sentencia del Tribunal Supremo n.º 1611/2018, de 13 de noviembre, ECLI:ES:TS:2018:3750**, en la que se afirma:

> «Habiéndose de destacar que estos Planes permitirán señalar o singularizar grupos colectivos sobre los que la Administración tenga razonables indicios de fraude, e iniciar frente a sus componentes actuaciones de reclamación de información como paso previo para iniciar en su caso actuaciones individualizadas de investigación.
>
> Y siendo de subrayar muy especialmente que, en lo que hace a la motivación de estas reclamaciones colectivas de información, consistirá en explicar o justificar por qué el colectivo de que se trate ha de considerarse incluido en el correspondiente Plan».

2.
PROCEDIMIENTOS DE GESTIÓN TRIBUTARIA

La gestión tributaria

En el procedimiento de gestión se desarrollan las actuaciones necesarias para la aplicación ordinaria y general del tributo que pueden responder al **sistema clásico de declaración seguida de liquidación** por la Administración, o responder al patrón más moderno, aunque ya generalizado en los más importantes tributos estatales, en tributos de las CC. AA., y en menor medida en los tributos locales, del sistema de **autoliquidación**.

En concreto la gestión tributaria consiste en el ejercicio de las funciones administrativas dirigidas a (artículo 117 de la LGT):

- La recepción y tramitación de declaraciones, autoliquidaciones, comunicaciones de datos y demás documentos con trascendencia tributaria.

- La comprobación y realización de las devoluciones previstas en la normativa tributaria.

- El reconocimiento y comprobación de la procedencia de los beneficios e incentivos fiscales, así como de los regímenes tributarios especiales, mediante la tramitación del correspondiente procedimiento de gestión tributaria.

- El control y los acuerdos de simplificación relativos a la obligación de facturar, en cuanto tengan trascendencia tributaria.

- La realización de actuaciones de control del cumplimiento de la obligación de presentar declaraciones tributarias y de otras obligaciones formales.

- La realización de actuaciones de verificación de datos.

- La realización de actuaciones de comprobación de valores.

- La realización de actuaciones de comprobación limitada.

- La práctica de liquidaciones tributarias derivadas de las actuaciones de verificación y comprobación realizadas.

- La emisión de certificados tributarios.
- La expedición y, en su caso, revocación del número de identificación fiscal, en los términos establecidos en la normativa específica.
- La elaboración y mantenimiento de los censos tributarios.
- La información y asistencia tributaria.
- La realización de las demás actuaciones de aplicación de los tributos no integradas en las funciones de inspección y recaudación.

De acuerdo con lo previsto en la normativa tributaria, la **gestión tributaria se iniciará**:

- Por una autoliquidación, por una comunicación de datos o por cualquier otra clase de declaración.
- Por una solicitud del obligado tributario, de acuerdo con lo previsto en el artículo 98 de la LGT.
- De oficio por la Administración tributaria.

|| Declaración tributaria

Se considera declaración tributaria, conforme establece el artículo 119 de la LGT, todo documento presentado ante la Administración tributaria donde se reconozca o manifieste la realización de cualquier hecho relevante para la aplicación de los tributos. La presentación de una declaración no supone la aceptación o reconocimiento por el obligado tributario de la procedencia de la obligación tributaria.

> **A TENER EN CUENTA**. Conforme establece el apartado 2 del artículo 119 de la LGT, reglamentariamente podrán determinarse los supuestos en que sea admisible la declaración verbal de la procedencia de la obligación tributaria.

Las opciones que según la normativa tributaria se deban ejercitar, solicitar o renunciar con la presentación de una declaración no podrán rectificarse con posterioridad a ese momento, salvo que la rectificación se presente en el período reglamentario de declaración.

En la liquidación resultante de un procedimiento de aplicación de tributos podrán aplicarse las cantidades que el obligado tributario tuviera pendientes de compensación o deducción, sin que a estos efectos sea posible modificar tales cantidades pendientes mediante la presentación de declaraciones complementarias o solicitudes de rectificación después del inicio del procedimiento de aplicación de los tributos.

| Declaraciones complementarias y sustitutivas

El artículo 118 del RGAT señala que tendrán la consideración de declaraciones complementarias las que se refieran a la misma obligación tributaria y periodo que otras presentadas con anterioridad, en las que se incluyan nuevos datos no declarados o se modifique parcialmente el contenido de las anteriormente presentadas, que subsistirán en la parte no afectada.

Por otra parte, tendrán la consideración de declaraciones sustitutivas las que se refieran a la misma obligación tributaria y periodo que otras presentadas con anterioridad y que las reemplacen en su contenido.

En los casos de iniciación del procedimiento de gestión tributaria mediante declaración del artículo 128 de la LGT, solo se podrán presentar declaraciones complementarias o sustitutivas con anterioridad a la liquidación correspondiente a la declaración inicial. En este caso, la liquidación que se practique tomará en consideración los datos completados o sustituidos.

Con posterioridad a la liquidación, el obligado tributario que pretenda modificar el contenido de una declaración anteriormente presentada deberá solicitar la rectificación de la misma conforme al artículo 130 del RGAT. De la cuota tributaria resultante de la rectificación se deducirá el importe de la liquidación inicial.

En las declaraciones complementarias y sustitutivas se hará constar expresamente si se trata de una u otra forma modalidad, la obligación tributaria y el periodo al que se refieren.

RESOLUCIÓN ADMINISTRATIVA

Consulta de la Dirección General de Tributos (V1183-25), de 1 de julio de 2025

Asunto: La elección entre compensar o no las bases imponibles negativas entra dentro del concepto de «opción» del artículo 119.3 de la LGT.

«Así las cosas, a juicio de este Tribunal, el hecho de que la Ley permita al contribuyente elegir entre compensar o no las bases imponibles negativas y, en el primer caso, el importe a compensar dentro de los límites posibles, entra plenamente dentro del concepto de "opción" antes definido. Y así, la compensación de bases imponibles negativas de ejercicios anteriores es una excepción al principio de independencia de ejercicios que se practica reduciendo la base imponible de los ejercicios posteriores, es decir, que opera sobre la base. La Ley reconoce a los sujetos pasivos el derecho a compensar bases imponibles negativas de ejercicios anteriores; el ejercicio de dicho derecho es potestativo y no imperativo, debiendo ser el sujeto pasivo el que decida, dentro de los límites legales establecidos para ello, si ejercita o no su derecho a la compensación, así como el importe de la misma.

Además, se trata de una opción que se ejercita "con la presentación de una declaración", que es la declaración del Impuesto sobre Sociedades, por lo que la elección respecto de la compensación o no y, en caso afirmativo, de la cuantía de la misma, debe considerarse una opción tributaria que se ejercita mediante la presentación de una declaración y, en consecuencia, que cumple todas las condiciones para que le resulte aplicable el artículo 119.3 LGT anteriormente trascrito»

Por tanto, de acuerdo con lo expuesto, hay que afirmar que el ejercicio de la elección señalada se podría subsumir, desde un punto de vista genérico, dentro del concepto de "opción" señalado en el artículo 119.3 de la Ley General Tributaria.

Ahora bien, para que exista "opción", de acuerdo con la doctrina anteriormente reproducida, debe existir capacidad de "escoger algo entre varias cosas". En este punto, se debe indicar que solo en el momento de la percepción de los rendimientos con periodo de generación superior a dos años de un determinado ejercicio fiscal susceptibles de beneficiarse de la reducción concurrirá la existencia de varias alternativas reales, requisito previo y necesario para que exista "opción" en el sentido del artículo 119.3».

|| Procedimiento iniciado mediante autoliquidación

La autoliquidación es definida en el artículo 120 de la LGT como la declaración en la que los obligados tributarios, además de comunicar a la Administración los datos necesarios para la liquidación del tributo y otros de contenido informativo, realizan por sí mismos las operaciones de calificación y cuantificación necesarias para determinar e ingresar el importe de la deuda tributaria o, en su caso, determinar la cantidad que resulte a devolver o a compensar.

Con relación a las autoliquidaciones, el Tribunal Supremo en la **sentencia n.° 560/2023, de 8 de mayo, ECLI:ES:TS:2023:1940**, ha señalado:

> «Las autoliquidaciones se han convertido en mecanismo imprescindible para hacer posible la viabilidad y eficacia del sistema tributario, conforman lo que ha venido a conocerse como gestión en masa, de suerte que el verdadero gestor pasa a ser el ciudadano y la Administración viene a asumir un papel de mero controlador. En el sistema tributario la gestión tradicional y más natural, conforme al normal desenvolvimiento de las relaciones de la Hacienda con los contribuyentes, es la gestión plenamente pública, pero a través de esta se haría prácticamente inviable el mandato constitucional que muy gráficamente se plasma en el «Hacienda somos todos», art° 31.1 de la CE, «Todos contribuirán al sostenimiento de los gastos públicos de acuerdo con su capacidad económica, mediante una sistema tributario justo», de ahí que las autoliquidaciones, la gestión en masa, posean una importancia esencial en el correcto desenvolvimiento del sistema tributario moderno; son actos de colaboración que constituyen, en los supuestos legalmente contemplados y exigibles, un deber que pesa sobre los contribuyentes, no sólo de contenido formal, sino con trascendencia material, cuyo incumplimiento puede dar lugar a responsabilidades de carácter sancionador».

Las autoliquidaciones presentadas por los obligados tributarios podrán ser objeto de verificación y comprobación por la Administración, que practicará, en su caso, la liquidación que proceda.

Si un obligado tributario considera que una autoliquidación ha perjudicado de cualquier modo sus intereses legítimos, podrá instar la rectificación de dicha autoliquidación de acuerdo con el procedimiento que se regule reglamentariamente. No obstante, cuando lo establezca la normativa propia del tributo, la rectificación deberá ser realizada por el obligado tributario mediante la presentación de una autoliquidación rectificativa.

Cuando la rectificación de una autoliquidación origine una devolución derivada de la normativa del tributo y hubieran transcurrido seis meses sin que se hubiera ordenado el pago por causa imputable a la Administración tributaria, ésta abonará el interés de demora que se establece en el artículo 26 de la LGT sobre el importe de la devolución que proceda, sin necesidad de que el obligado lo solicite. A estos efectos, el plazo de 6 meses comenzará a contarse a partir de la finalización del plazo para la presentación de la autoliquidación o, si éste hubiera concluido, a partir de la presentación de la solicitud de rectificación o de la autoliquidación rectificativa.

En caso de que la autoliquidación origine la devolución de un ingreso indebido, la Administración tributaria abonará el interés de demora en los términos que señala el apartado 2 del artículo 32 de la LGT.

No obstante, cuando la rectificación de una autoliquidación implique una minoración del importe a ingresar de la autoliquidación rectificativa, utilizando el modelo normalizado de autoliquidación que se apruebe conforme a lo previsto en el aparatado 3 del artículo 98 de la LGT, con la finalidad de rectificar, completar o modificar otra autoliquidación presentada con anterioridad.

| Autoliquidaciones complementarias

Establece el artículo 119 del RGAT que tienen la consideración de autoliquidaciones complementarias las que se refieran a la misma obligación tributaria y periodo que otras presentadas con anterioridad y de las que resulte un importe a ingresar superior o una cantidad a devolver o a compensar inferior al importe resultante de la autoliquidación anterior, que subsistirá en la parte no afectada.

En las autoliquidaciones complementarias constará expresamente esta circunstancia y la obligación tributaria y periodo a que se refieran, así como la totalidad de los datos que deban ser declarados. A estos efectos se incorporarán los datos incluidos en la autoliquidación presentada con anterioridad que no sean objeto de modificación, los que sean objeto de modificación y los de nueva inclusión.

El obligado tributario deberá realizar la cuantificación de la obligación tributaria teniendo en cuenta todos los elementos consignados en la autoliquidación complementaria. De la cuota tributaria resultante se deducirá el importe de la autoliquidación inicial.

En el caso de que se haya solicitado una devolución improcedente o por cuantía superior a la que resulte de la autoliquidación complementaria y dicha devolución no se haya efectuado al tiempo de presentar la autoliquidación complementaria, se considerará finalizado el procedimiento de devolución iniciado mediante la presentación de la autoliquidación previamente presentada.

En el supuesto de que se haya obtenido una devolución improcedente o por cuantía superior a la que resulte de la autoliquidación complementaria, se deberá ingresar la cantidad indebidamente obtenida junto a la cuota que, en su caso, pudiera resultar de la autoliquidación complementaria presentada.

A TENER EN CUENTA. Cuando un obligado tributario considere que una autoliquidación ha perjudicado de cualquier modo sus intereses legítimos, podrán instar la rectificación de dicha autoliquidación conforme a lo establecido en el artículo 126 del RGAT, que regula el inicio del procedimiento de rectificación de autoliquidaciones.

CUESTIÓN

¿La solicitud de devolución de ingresos indebidos de una autoliquidación es cauce adecuado para cuestionar la autoliquidación practicada por el contribuyente, cuando entienda que es indebido el ingreso al considerarlo contrario a la Constitución o al Derecho de la UE?

A esta cuestión ha dado respuesta el Tribunal Supremo en la **sentencia n.º 450/2022, de 19 de abril, ECLI:ES:TS:2022:1617**, en la que establece que la rectificación de una autoliquidación, y la consiguiente devolución de ingresos indebidos, sí es cauce adecuado para cuestionar la autoliquidación practicada por un contribuyente, que ha procedido a ingresar en plazo las cuantías por él calculadas en cumplimiento de sus obligaciones tributarias, a fin de no ser sancionado por dejar de autoliquidar e ingresar en plazo, cuando entienda indebido el ingreso tributario derivado de tal autoliquidación al considerarlo contrario a la Constitución o al Derecho de la UE.

|| Comunicación de datos

Señala el artículo 121 de la LGT que se considera comunicación de datos la declaración presentada por el obligado tributario ante la Administración para que ésta determine la cantidad que, en su caso, resulte a devolver. Se entenderá solicitada la devolución mediante la presentación de la citada comunicación.

| Comunicaciones de datos complementarias y sustitutivas

Señala el artículo 120 del RGAT que tendrán la consideración de comunicaciones de datos complementarias las que se refieran a la misma obligación tributaria y periodo que otras presentadas con anterioridad en las que se modifiquen o incluyan nuevos datos de carácter personal, familiar o económico. Las comunicaciones de datos presentadas con anterioridad subsistirán en la parte no afectada.

Tendrán la consideración de comunicaciones de datos sustitutivas las que se refieran a la misma obligación tributaria y periodo que otras presentadas con anterioridad y que las reemplacen en su contenido.

Solo se podrán presentar comunicaciones de datos complementarias o sustitutivas antes de que la Administración tributaria, de acuerdo con la normativa de cada tributo, haya acordado la devolución correspondiente o dictado la resolución en la que se comunique que no procede efectuar devolución alguna. En este caso, la devolución o resolución administrativa que se acuerde tomará en consideración los datos completados o sustituidos.

Una vez acordada la devolución o dictada la resolución administrativa el obligado tributario podrá solicitar la rectificación de su comunicación de datos conforme al artículo 130 del RGAT.

Procedimientos de gestión tributaria

Son procedimientos de gestión tributaria, entre otros, los siguientes:

- El procedimiento de devolución iniciado mediante autoliquidación, solicitud o comunicación de datos.

- El procedimiento iniciado mediante declaración.
- El procedimiento de verificación de datos.
- El procedimiento de comprobación de valores.
- El procedimiento de comprobación limitada.

2.1. Procedimiento de devolución tributaria

El procedimiento de devolución tributaria

Mediante el procedimiento de devolución, el obligado tributario obtiene las devoluciones derivadas de la normativa del tributo, que se corresponden con las cantidades ingresadas o soportadas debidamente debido a las aplicaciones de los impuestos.

Es, por tanto, la **normativa propia de cada tributo** la que desarrolla el correspondiente procedimiento de devolución ajustándose a las peculiaridades de cada figura impositiva.

Se trata de supuestos en los que **no existe ingreso indebido previo**, pero el obligado tributario tiene derecho a la devolución de ciertas cantidades derivadas de la mecánica propia de aplicación del tributo.

La regulación del procedimiento de devolución iniciado mediante autoliquidación, solicitud o comunicación de datos se contiene en los artículos 124 a 127 de la LGT.

|| Iniciación del procedimiento de devolución tributaria

El procedimiento para la práctica de devoluciones derivadas de la normativa de cada tributo se iniciará a instancia del obligado tributario. El artículo 124 de la LGT señala que la iniciación del procedimiento de devolución se realizará mediante:

- Presentación de una autoliquidación de la que resulte cantidad a devolver.
- Presentación de una solicitud de devolución.
- Presentación de una comunicación de datos.

|| Plazo de las devoluciones

Cuando de la presentación de una **autoliquidación** resulte cantidad a devolver, la Administración tributaria efectuará la devolución que proceda conforme a lo establecido en el artículo 31 de la LGT.

El plazo para efectuar la devolución **comenzará a contarse desde la finalización del plazo previsto para la presentación de la autoliquidación**, en el supuesto de que la autoliquidación se presente fuera de plazo, el término para la devolución se contará a partir de la autoliquidación extemporánea.

En los supuestos en los que el obligado tributario no tenga obligación de presentar autoliquidación, o en los casos en que lo establezca la normativa tributaria, el procedimiento de devolución se iniciará mediante la presentación de una **comunicación de datos o de una solicitud**, respectivamente.

En estos casos el plazo para practicar la devolución comenzará a contarse desde la **presentación de la solicitud o desde la finalización del plazo previsto para la presentación de la comunicación de datos**.

Conforme establece el artículo 31 de la LGT el plazo para ordenar el pago de la devolución será el que se fije en las normas reguladoras de cada tributo y, en todo caso, el plazo de **6 meses**.

> **RESOLUCIÓN ADMINISTRATIVA**
>
> **Resolución vinculante del Tribunal Económico Administrativo Central n.º 2052/2020, de 11 de julio de 2022**
>
> **Asunto: Prescripción del derecho a obtener una devolución en un procedimiento iniciado mediante autoliquidación.**
>
> *«Presentada una autoliquidación de la que resulta una cantidad a devolver, y una vez transcurrido el plazo previsto en la normativa para dar resolución a ese procedimiento, surge el derecho a obtener una devolución derivada de la normativa del tributo, para el que es de aplicación el 31 LGT, y cuyo régimen de prescripción es el previsto en el artículo 66.d) LGT siendo las actuaciones susceptibles de interrumpir este las previstas en el artículo 68.4 LGT; en caso de no verificarse ninguna de éstas, procede declarar prescrito el derecho del obligado tributario a obtener la devolución, una vez transcurran los 4 años señalados en la normativa aplicable».*

|| Tramitación del procedimiento de devolución tributaria

Una vez recibida la autoliquidación, solicitud o comunicación de datos, la Administración la examina junto con la documentación que se haya presentado y la contrasta con los datos y antecedentes que obren en su poder.

Si la autoliquidación, solicitud o comunicación es correcta, se procede (sin más trámite) y de manera **automática al reconocimiento de la devolución solicitada.**

Cuando se aprecie que la autoliquidación, solicitud o comunicación presenta algún defecto formal, aritmético o posible discrepancia en los datos o en su calificación, o cuando se aprecien circunstancias que lo justifiquen, se podrá iniciar un procedimiento de verificación de datos, comprobación limitada o de inspección.

|| Terminación del procedimiento de devolución tributaria

Este procedimiento finalizará:

- Por **acuerdo** en el que se reconozca la devolución solicitada.
- Por **caducidad** en los términos que establece el apartado 3 del artículo 104 de la LGT.
- Por el **inicio de un procedimiento** de verificación de datos, de comprobación limitada o de inspección.

El artículo 127 de la LGT es taxativo en las formas por las que puede finalizar el proceso, por lo que, ante la ausencia de alguna de ellas, lo que se produce es un **silencio positivo**. En este sentido se ha pronunciado el Tribunal Supremo en la **sentencia n.º 275/2022, de 4 de marzo, ECLI:ES:TS:2022:1040**, en la que argumenta lo siguiente:

> «De esta manera, el silencio de la Administración ante una petición de devolución del artículo 31LGT, comporta el reconocimiento de un crédito en favor de quien insta la solicitud, con la consiguiente inactividad de la Administración si no procede a ordenar su pago.
>
> Parece sintonizar con esta conclusión, el artículo 124 del Reglamento de gestión e inspección tributaria que no deja mucho margen a cualquier otra consideración pues, recibida la autoliquidación, solicitud o comunicación de datos, obliga a la Administración a examinar 'la documentación presentada y la contrastará con los datos y antecedentes que obren en su poder', apuntando, incluso, que si 'fuese formalmente correcta, se procederá sin más trámite y, en su caso, de manera automatizada, al reconocimiento de la devolución solicitada'(apartado 1 del artículo 124).
>
> Pero es que, además, la fuerza conminatoria de términos tales como el de la suficiencia puramente formal -'formalmente correcta'-,el de 'sin más trámite' y el 'de manera automatizada' aparece perfectamente complementada con la previsión contenida en el apartado 2 del artículo 124, que habilita la Administración 'a iniciar un procedimiento de verificación de datos, de comprobación limitada o de inspección'en los casos que 'se aprecie algún defecto formal [...] o posible discrepancia en los datos o en su calificación, o cuando se aprecien circunstancias que lo justifiquen'.
>
> En la misma línea, el apartado 1 del artículo 125 del Reglamento considera notificado el acuerdo de devolución con la 'recepción de la transferencia bancaria o, en su caso, del cheque', precepto éste que ya en su apartado 3 considera que '[c]uando existan defectos, errores, discrepancias o circunstancias que originen el inicio de un procedimiento de verificación de datos, de comprobación limitada o de inspección'la terminación del procedimiento de devolución se producirá con 'la notificación de inicio del correspondiente procedimiento', en cuyo seno habrá que determinarse 'la procedencia e importe de la devolución y, en su caso, otros aspectos de la situación tributaria del obligado.'
>
> Queda de esta manera, corroborado por un Reglamento de la propia Administración, cuanto se acaba de expresar, esto es, o se acuerda la devolución o se incoa el correspondiente procedimiento de verificación de datos, de comprobación limitada o de inspección».

En los casos en que proceda reconocer el derecho a la devolución solicitada, el órgano competente dictará **acuerdo que se entenderá notificado por la recepción de la transferencia bancaria o, en su caso del cheque**. Si la devolución reconocida fuera objeto de retención cautelar total o parcial, conforme al apartado 4.a) del artículo 81 de la LGT, deberá notificarse la adopción de la medida cautelar junto con el acuerdo de devolución.

A TENER EN CUENTA. El reconocimiento de la devolución solicitada no impedirá la posterior comprobación de la obligación tributaria mediante los procedimientos de comprobación o investigación.

En todo caso **se mantendrá la obligación de satisfacer el interés de demora** sobre la devolución que finalmente se pueda practicar. Cuando se deban abonar intereses de demora la base sobre la que se aplicará el tipo de interés tendrá como límite el importe de la devolución solicitada en la autoliquidación, comunicación de datos o solicitud.

El apartado 4 del artículo 125 del RGAT establece unas previsiones especiales para el supuesto de que la devolución se acuerde en un procedimiento de verificación de datos, de comprobación limitada o de inspección, en estos casos:

- Deberán satisfacerse los intereses de demora de conformidad con el apartado 2 del artículo 31 de la LGT.
- En el caso de procedimientos de verificación de datos o de comprobación limitada, a efectos del cálculo de los intereses de demora no se computarán los períodos de dilación por causa no imputable a la Administración.
- En el caso de un procedimiento de inspección, a efectos del cálculo de los intereses, no se computarán los días a los que se refiere el apartado 4 del artículo 150 de la LGT, ni lo periodos de extensión a los que se refiere el apartado 5 del mismo precepto.

2.1.1. Procedimiento para la rectificación de autoliquidaciones, declaraciones, comunicaciones de datos o solicitudes de devolución

Procedimiento para la rectificación de autoliquidaciones

El proceso de rectificación **se inicia mediante solicitud** dirigida al órgano competente de acuerdo con la normativa de organización específica. Esta solicitud solo podrá hacerse **una vez presentada la correspondiente autoliquidación y antes de que la Administración tributaria haya practicado la liquidación definitiva** o, en su caso, antes de que haya prescrito el derecho de la Administración para determinar la deuda tributaria mediante la liquidación o el derecho a solicitar la devolución correspondiente.

En caso de que **se esté tramitando un procedimiento de comprobación o investigación** cuyo objeto incluya la obligación tributaria a la que se refiera la autoliquidación, el obligado tributario **no podrá solicitar la rectificación de la autoliquidación**. Lo anterior, debe entenderse sin perjuicio del derecho del obligado tributario a realizar las alegaciones y presentar los documentos que considere oportunos en el procedimiento que se esté tramitando que deberán ser tenidos en cuenta por el órgano que lo tramite.

Cuando la **Administración tributaria haya practicado una liquidación provisional**, el obligado tributario **podrá solicitar la rectificación** de su autoliquidación únicamente si la liquidación provisional ha sido practicada por consideración o **motivo distinto del que se invoque en la solicitud del**

obligado tributario. A estos efectos, se entiende que entre la solicitud de rectificación y la liquidación provisional concurre consideración o motivo distinto cuando la solicitud de rectificación afecte a elementos de la obligación tributaria que no hayan sido regularizados mediante la liquidación provisional.

En la solicitud de rectificación de una autoliquidación deberán constar:

- Nombre y apellidos o razón social o denominación completa, número de identificación fiscal del obligado tributario y, en su caso, del representante.
- Hechos, razones y petición en que se concrete la solicitud.
- Lugar, fecha y firma del solicitante o acreditación de la autenticidad de su voluntad expresada por cualquier medio válido en derecho.
- Órgano al que se dirige.
- Los datos que permitan identificar la autoliquidación que se pretenda rectificar.
- En caso de que se solicite una devolución, deberá hacerse constar el medio elegido por el que se haya de realizar la devolución, pudiendo optar entre transferencia bancaria o cheque cruzado a la cuenta bancaria de la que sea titular. Cuando el beneficiario de la devolución no hubiera señalado medio de pago y esta no se pudiera realizar mediante trasferencia a una entidad de crédito, se efectuará mediante cheque cruzado.

En todo caso, la solicitud deberá ir acompañada de la documentación en que se basa la solicitud de rectificación y los justificantes, en su caso, del ingreso efectuado por el obligado tributario.

> **RESOLUCIÓN ADMINISTRATIVA**
>
> **Resolución del Tribunal Económico Administrativo Central n.º 652/2024, de 19 de julio de 2024**
>
> **Asunto: Segunda solicitud de rectificación de autoliquidación basada en el derecho a la aplicación de la D.T. 2.ª de la LIRPF.**
>
> *«No cabe ex artículo 126.3 RGAT inadmitir una segunda solicitud de rectificación de autoliquidación basada en el derecho a la aplicación de la Disposición Transitoria Segunda de la Ley 35/2006 de conformidad con la resolución dictada en 1 de julio de 2020 por este TEAC en el recurso extraordinario de alzada para la unificación de criterio RG 2469/2020, cuando ha existido una primera solicitud basada en el derecho a la aplicación de dicha Disposición Transitoria Segunda LIRPF, de conformidad con la resolución dictada el 5 de julio de 2017 por este TEAC en el recurso extraordinario de alzada para la unificación de criterio RG 7195/2016, que fue estimada total o parcialmente practicándose liquidación provisional sin que se interpusiera recurso frente a la misma».*

|| Tramitación del procedimiento de rectificación de autoliquidaciones

En la tramitación de este procedimiento **se comprobarán las circunstancias que determinan la procedencia de la rectificación**. En el caso de que junto con la rectificación se solicite la devolución de un ingreso efectuado, indebido o no, se comprobarán las siguientes circunstancias:

- La realidad del ingreso, cuando proceda, y su falta de devolución.
- Que se cumplan los requisitos exigidos en el artículo 14.2.b) del Reglamento general de desarrollo de la LGT, en materia de revisión en vía administrativa.
- Que se cumplan los requisitos exigidos en el artículo 14.2.c) del Reglamento general de desarrollo de la LGT, en materia de revisión en vía administrativa.
- La procedencia de su devolución, el titular del derecho a obtener la devolución y su cuantía.

A estos efectos, la Administración podrá:

- Examinar la documentación presentada y contrastarla con los datos y antecedentes que obren en su poder.
- Realizar requerimientos al propio obligado en relación con la rectificación de su autoliquidación, incluidos los que se refieran a la justificación documental de operaciones financieras que tengan incidencia en la rectificación solicitada.
- Efectuar requerimientos a terceros para que aporten la información que se encuentren obligados a suministrar con carácter general o para que la ratifiquen mediante la presentación de los correspondientes justificantes.
- Solicitar los informes que consideren necesarios.

Una vez hayan finalizado las actuaciones, se notificará al interesado la **propuesta de resolución para que en el plazo de 15 días**, contados a partir del día siguiente al de la notificación de la propuesta, alegue lo que convenga a su derecho, salvo que la rectificación que se acuerde coincida con la solicitada por el interesado, en cuyo caso se notificará sin más trámite la liquidación que se practique.

|| Terminación del procedimiento de rectificación de autoliquidaciones

El procedimiento **finalizará mediante resolución en la que se acordará o no la rectificación de la autoliquidación**. El acuerdo **será motivado** cuando sea denegatorio o cuando la rectificación acordada no coincida con la solicitada por el interesado.

Si la Administración tributaria acuerda rectificar la autoliquidación, **incluirá una liquidación provisional** cuando afecte a algún elemento determinante de la cuantificación de la deuda tributaria efectuada por el obligado tributario. La Administración tributaria no podrá efectuar una nueva liquidación en relación con el objeto de la rectificación de la autoliquidación, salvo que en un procedimiento de comprobación o investigación posterior se descubran nuevos hechos o circunstancias que resulten de actuaciones distintas de las realizadas y especificadas en la resolución del procedimiento de rectificación.

Cuando se reconozca el derecho a obtener una devolución, se determinará el titular del derecho y el importe de la devolución, así como lo intereses de demora que, en su caso, deban abonarse. La base sobre la que se aplicará el tipo de interés tendrá como límite el importe de la devolución reconocida.

El **plazo máximo para notificar la resolución de este procedimiento será de 6 meses,** una vez transcurrido dicho plazo sin haberse realizado la notificación expresa del acuerdo adoptado, la solicitud deberá entenderse desestimada.

JURISPRUDENCIA

Sentencia del Tribunal Supremo n.º 145/2021, de 4 de febrero, ECLI:ES:TS:2021:447

Asunto: formulación de una segunda solicitud de rectificación sobre el mismo elemento de la obligación tributaria.

«Atendida la anterior argumentación, podemos alcanzar la conclusión de que le es posible al contribuyente solicitar una segunda vez -y obtener respuesta de fondo por parte de la Administración, que es obligada-, la rectificación de la autoliquidación formulada y la devolución de ingresos indebidos derivados de tal acto, en tanto no se consume el plazo de prescripción del derecho establecido en el artículo 66.c) de la LGT.

A tal efecto, la mera respuesta negativa a una solicitud de esta naturaleza no equivale a una liquidación tributaria a efectos de lo establecido en los artículos 101 y concordantes de la misma LGT, cuanto tal sedicente liquidación no se ha dictado en el ejercicio de una actividad de aplicación de los tributos, de comprobación o investigación y en el curso de un procedimiento debido previsto legalmente a tal efecto.

Además, no cabe reputar liquidación, a los efectos del artículo 221.3 LGT, a la parte agregada o acumulada de un acto de respuesta denegatoria a la solicitud de un contribuyente a que tiene legal derecho (arts. 32, 34 y concordantes LGT), que se limita a establecer una obligación idéntica a la ya cumplida, por cuantía supuestamente debida, pero íntegramente coincidente con la que reclaman los interesados, así como a indicar que tal cantidad ya ha sido ingresada, pues el efecto de tal declaración es cuando menos, superfluo e ineficaz, esto es, no añade un contenido y eficacia distintos y propios a los que derivan de la mera denegación de la solicitud -como procedimiento, además, iniciado a virtud de solicitud de parte interesada, no de oficio-, que comporta un efecto jurídico que no es alterado o agravado o condicionado mediante tal pretendida liquidación.

A los efectos que nos ocupan, cabe considerar que una segunda solicitud es diferente a la primera cuando incorpora argumentos, datos o circunstancias sobrevenidas, relevantes para la devolución instada (...)».

CUESTIÓN

¿Qué sucede si iniciado un procedimiento de rectificación por el obligado, la Administración tributaria inicia un procedimiento de comprobación o investigación?

Señala el apartado 3 del artículo 128 del RGAT, que conforme a lo señalado en el apartado 1 del artículo 100 de la LGT, cuando el obligado tributario inicie un procedimiento de rectificación de su autoliquidación, y se acuerde el inicio de un procedimiento de comprobación o investigación que incluya la obligación tributaria a la que se refiere el procedimiento de rectificación, este finalizará con la notificación de inicio del procedimiento de comprobación o investigación.

Especialidades en la rectificación de autoliquidaciones relativas a retenciones, ingresos a cuenta o cuotas soportadas

El artículo 129 del RGAT establece que cuando una autoliquidación hubiese dado lugar a un **ingreso indebido de retenciones, ingresos a cuenta o cuotas repercutidas** a otros obligados tributarios, la legitimación para solicitar la rectificación, así como el derecho a obtener su devolución, se regulará por lo dispuesto en los artículos 32 de la LGT y apartado 4 del artículo 221 de la LGT, así como en las disposiciones reglamentarias dictadas en su desarrollo.

Los obligados tributarios que hubieran soportado indebidamente retenciones, ingresos a cuenta o cuotas repercutidas podrán solicitar y obtener la devolución de acuerdo con lo previsto en el artículo 14 del Reglamento general de desarrollo de la LGT, en materia de revisión en vía administrativa. Para ello, **podrán solicitar la rectificación de la autoliquidación** en la que se realizó el ingreso indebido.

Cuando se trate de cuotas indebidamente repercutidas por el IVA, el obligado tributario que efectuó la repercusión podrá optar por solicitar la rectificación de su autoliquidación o por regularizar la situación en la declaración-liquidación correspondiente al periodo en que deba efectuarse la rectificación o en las posteriores hasta el plazo de un año contar desde el momento en que debió efectuarse la mencionada rectificación.

Para el supuesto en que la rectificación de la autoliquidación hubiese sido solicitada por el obligado tributario que soportó indebidamente retenciones, ingresos a cuenta o cuotas repercutidas, el procedimiento tendrá las siguientes especialidades, según establece el aparatado 4 del artículo 129 del RGAT:

- La resolución del procedimiento corresponderá al órgano que según la normativa de organización específica, fuera competente respecto del obligado tributario que presentó la autoliquidación cuya rectificación se solicita. En el caso de que a la vista de la solicitud presentada y de la documentación que la acompañe resulte acreditado que no concurren los requisitos para proceder a la rectificación, la resolución corresponderá al órgano que según la normativa de organización específica fuera competente respecto del obligado tributario que inició el procedimiento.

- La solicitud podrá hacerse desde que la actuación de retención, la detracción del ingreso a cuenta o la actuación de repercusión haya sido comunicada fehacientemente al solicitante o, en su defecto, desde que exista constancia de que este ha tenido conocimiento de ello. Cuando la solicitud de rectificación se presente antes de la finalización del plazo de declaración en que hubiera de presentarse la autoliquidación cuya rectificación se solicita, se considerará como periodo de interrupción justificada a efectos del cómputo del plazo para resolver el procedimiento el tiempo transcurrido desde la fecha de presentación hasta la fecha de finalización de dicho plazo de declaración.

- En la solicitud, además de las circunstancias previstas en el aparatado 4 del artículo 126 del RGAT, se harán constar el nombre y apellidos o razón social o denominación completa y número de identificación fiscal del retenedor o persona o entidad que efectuó el ingreso a cuenta repercutido o del obligado tributario que efectuó la repercusión. La solicitud debe acompañarse de los documentos justificantes de la retención, ingreso a cuenta o repercusión indebidamente soportados.

- En la tramitación del procedimiento se notificará la solicitud de rectificación al retenedor o al obligado tributario que efectuó y repercutió el ingreso a cuenta o que efectuó la repercusión, que deberán comparecer dentro del plazo de 10 días, contados a partir del día siguiente al de la notificación del requerimiento, y aportar todos los documentos y antecedentes requeridos y cualquier otro que estimen oportuno. Posteriormente se pondrán de manifiesto, sucesivamente, al solicitante y al presentador de la autoliquidación, por períodos de 15 días, contados a partir del día siguiente al de la notificación de la apertura de dichos plazos, para formular alegaciones y aportar las pruebas oportunas. A estos efectos, se podrán hacer extractos de los justificantes o documentos o utilizar otros métodos que permitan mantener la confidencialidad de aquellos datos que no les afecten.
- La liquidación provisional o la resolución denegatoria que ponga término al procedimiento se notificará a todos los obligados tributarios.
- En el supuesto de que la resolución estimatoria fuera recurrida por el retenedor, por el obligado tributario que efectuó y repercutió el ingreso a cuenta o que realizó la repercusión, aquella no será ejecutiva en tanto no adquiera firmeza.

RESOLUCIÓN ADMINISTRATIVA

Resolución del Tribunal Económico Administrativo Central n.º 8528/2022, de 20 de octubre de 2025

Asunto: Legitimación del retenedor para obtener la devolución de los ingresos indebidos de las cantidades indebidamente retenidas.

«Si bien el retenedor está legitimado para solicitar la rectificación de las autoliquidaciones efectuadas en tal concepto y la devolución de las retenciones que considere indebidamente practicadas, el derecho a obtener la devolución solicitada, caso de resultar pertinente, correspondería a los transmitentes obligados a soportar la retención.

Por tanto, el reclamante no ostenta la legitimación para obtener la devolución del importe de la retención ingresada, dado que no fue él quien la soportó, siendo, por tanto, ajustado a Derecho el acuerdo dictado por la ONGT por el que se desestima la solicitud de devolución de ingresos indebidos formulada.

Se reitera criterio de Resolución TEAC de 27 de mayo de 2024 (RG 6592-2021 y acs) y de 24 de septiembre de 2025 (RG.4863-2025)».

Procedimiento para la rectificación de declaraciones, comunicaciones de datos y solicitudes de devolución

Señala el artículo 130 del RGAT que una vez que la Administración tributaria haya dictado una **liquidación provisional** en el caso de las declaraciones reguladas en el artículo 128 de la LGT, o haya acordado la devolución o dictado la resolución denegatoria en los casos de comunicaciones de datos o solicitudes de devolución, el obligado tributario podrá solicitar la rectificación de la declaración, comunicación de datos o solicitud de devolución presentada con anterioridad, cuando considere que su contenido ha perjudicado de cualquier modo sus intereses legítimos o cuando pudiera proceder una liquidación por importe superior o una menor devolución.

Cuando la Administración tributaria haya practicado una liquidación provisional, el obligado tributario podrá solicitar la rectificación únicamente si la liquidación provisional ha sido practicada por consideración o motivo distinto del que se invoque en la solicitud del obligado tributario. Se considerará que entre la solicitud de rectificación y la liquidación provisional concurre consideración o motivo distinto cuando la solicitud de rectificación afecte a elementos de la obligación tributaria que no hayan sido regularizados mediante la liquidación provisional.

Cuando de la rectificación resulte una cantidad a ingresar, se exigirán los intereses de demora que correspondan en cada caso. A efectos del cálculo de los intereses de demora no se computará el tiempo transcurrido desde la presentación de la declaración inicial hasta la finalización del plazo de pago en periodo voluntario correspondiente a la liquidación que se practicó con relación a dicha declaración inicial.

> **A TENER EN CUENTA**. En las solicitudes de esta rectificación se aplicarán las normas de los artículos 126 a 128 de la RGAT.

2.1.2. Procedimiento para la ejecución de las devoluciones tributarias

Ejecución de las devoluciones tributarias

El artículo 131 del RGAT señala que cuando se hubiera reconocido el derecho a una devolución derivada de la normativa del tributo o a una devolución de ingresos indebidos, se procederá a la ejecución de la devolución. En caso de que para efectuar la devolución se hubieran solicitado garantías de acuerdo con lo previsto en la ley, la ejecución de la devolución quedará condicionada a la aportación de las garantías solicitadas.

El órgano competente procederá de oficio a ejecutar la devolución, en los supuestos en que el derecho se haya declarado:

- En la resolución de un recurso o reclamación económico-administrativa.
- En sentencia u otra resolución judicial.
- En cualquier otro acuerdo que anule o revise liquidaciones u otros actos administrativos.

> **A TENER EN CUENTA**. Se entenderá reconocido el derecho a la devolución cuando así resulte de un procedimiento amistoso en aplicación de un convenio internacional para evitar la doble imposición.

Para que los órganos competentes de la Administración procedan a cuantificar y efectuar la devolución bastará copia compulsada del correspondiente acuerdo o resolución administrativa o el testimonio de la sentencia o resolución judicial.

Cuando el derecho a la devolución se transmita a los sucesores, se atenderá a la normativa específica que determine los titulares del derecho y la cuantía que a cada uno corresponda. Salvo en estos casos, la transmisión del derecho a una devolución por actos o negocios entre particulares no surtirá efectos ante la Administración, conforme a lo dispuesto en el apartado 5 del artículo 17 de la LGT.

> **CUESTIÓN**
>
> **¿Del concepto de sucesión empleado en el apartado 4 del artículo 131 del RGAT, debe entenderse únicamente la sucesión hereditaria?**
>
> No, la transmisión del derecho a obtener la devolución deriva de la sucesión producida en el derecho que sustenta la relación jurídico-tributaria, con independencia de cuál sea la causa de dicha sucesión. Así lo ha establecido el Tribunal Supremo en la **sentencia n.º 358/2022, de 22 de marzo, ECLI:ES:TS:2022:1289**, en la que entiende producida la sucesión en el derecho en la figura del nuevo titular de la licencia de obra. Señala en esta sentencia el Alto Tribunal *«(...) ni la referencia prevista en el artículo 131.4RGAT -Real Decreto 1065/2007, de 27 de julio- "(...)la normativa específica que determine los titulares del derecho y la cuantía que a cada uno corresponda" ni la previsión semejante del artículo 14.5 RGRVA, pueden entenderse reducidas a casos de sucesión hereditaria y, además, dicha regulación no puede significar, absurdamente, que el sujeto pasivo no suceda al anterior obligado como titular de la posición en la definitiva liquidación del impuesto, incluido el derecho a obtener las cantidades pagadas con exceso en la liquidación provisional del ICIO».*

Pago o compensación de las devoluciones tributarias

Una vez reconocido el derecho a la devolución se ejecutará mediante pago o la compensación de la cantidad a devolver, tal y como prevé el artículo 132 del RGAT:

- El pago de la cantidad a devolver se realizará mediante **transferencia bancaria** o mediante **cheque cruzado** a la cuenta bancaria que el obligado tributario o su representante legal autorizado indiquen como de su titularidad en la autoliquidación tributaria, comunicación de datos o en la solicitud correspondiente, sin que el obligado tributario pueda exigir responsabilidad alguna en el caso en que la devolución se envíe al número de cuenta bancaria por él designado.

- Podrá procederse a su **compensación** a petición del obligado o de oficio de acuerdo con el procedimiento y plazos establecidos en el Reglamento General de Recaudación, y su normativa de desarrollo. En este caso, sobre el importe de la devolución que sea objeto de compensación, el interés de demora a favor del obligado tributario se devengará hasta la fecha en que se produzca la extinción del crédito como consecuencia de la compensación.

En caso de que en la ejecución de las devoluciones se hubiese producido algún error material, de hecho o aritmético, la entidad de crédito retrocederá, en su caso, el importe procedente a la Administración tributaria ordenante o bien se exigirá directamente al perceptor su reintegro.

CUESTIÓN

En caso de que conforme al artículo 31 de la LGT se devenguen intereses, ¿el *dies ad quem* es el de la orden de pago o cuándo se produce el cobro efectivo de la devolución?

A esta cuestión ha dado respuesta la **sentencia de la Audiencia Nacional n.º 204/2016, de 24 de mayo, ECLI:ES:AN:2016:1825**, la cual señala que, conforme a lo establecido en el aparatado 2 del artículo 31 de la LGT, el *dies ad quem* es el día en el que se ha ordenado el pago de la devolución, al señalar «(...) Tanto el artículo 115. Tres de la Ley reguladora del IVA como el artículo 31.2 de la LGT aluden a la fecha en que se hubiera ordenado el pago de la devolución y no a la fecha en que se produce el cobro efectivo de la devolución».

2.2. Procedimiento de gestión tributaria iniciado mediante declaración

El procedimiento de gestión tributaria iniciado mediante declaración

El artículo 119 de la LGT define la declaración tributaria como todo documento presentado ante la Administración tributaria donde se reconozca o manifieste la realización de cualquier hecho relevante para la aplicación de los tributos. En ningún caso, la presentación de una declaración implica la aceptación o reconocimiento por el obligado tributario de la procedencia de la obligación tributaria.

Este procedimiento se regula en los artículos 128 a 130 de la LGT, que son objeto de desarrollo en los artículos 133 y siguientes del RGAT.

|| Inicio

Cuando la normativa del tributo lo establezca, la gestión del mismo se iniciará mediante la presentación de una declaración por el obligado tributario en la que manifieste la realización del hecho imponible y comunique los datos necesarios para que la Administración cuantifique la obligación tributaria mediante la práctica de una liquidación provisional.

En caso de que el procedimiento iniciado mediante declaración hubiera terminado por caducidad, la Administración podrá iniciar de nuevo el procedimiento, dentro del plazo de prescripción.

JURISPRUDENCIA

Sentencia del Tribunal Supremo n.º 1627/2019, de 25 de noviembre, ECLI:ES:TS:2019:3755

Asunto: Interrupción del plazo de prescripción por la presentación de una declaración extemporánea.

«Determinar si la posibilidad de reabrir un expediente iniciado mediante declaración y dentro del plazo de prescripción, ha de entenderse referida al plazo de cuatro años computados desde el dies a quo definido por el transcurso de los seis meses habilitados para la presentación de la declaración o, si por el contrario, una declaración extemporánea interrumpe la prescripción y, en consecuencia, el reinicio del expediente puede considerarse efectuado sin haberse cumplido aún el plazo de prescripción.

La cuestión, a la luz de lo razonado ha de redefinirse en el sentido de que declarada la caducidad de un expediente iniciado por declaración, los actos del mismo, incluyendo la declaración, no interrumpen el plazo de prescripción, por lo que sólo puede reiniciarse el procedimiento si no ha transcurrido el plazo legalmente establecido».

|| Tramitación

En los procedimientos que se inician mediante declaración del obligado tributario la liquidación se realiza por la propia Administración tributaria, para ello podrá realizar las actuaciones necesarias de conformidad con el apartado 2 del artículo 129 de la LGT. La Administración tributaria podrá utilizar los datos consignados por el obligado tributario en su declaración o cualquier otro que obre en su poder, podrá requerir al obligado para que aclare los datos consignados en su declaración o presente justificante de los mismos y podrán realizar actuaciones de comprobación de valores. Asimismo, se podrá hacer requerimiento a terceros.

En caso de que se requieran al obligado tributario datos o documentos se le otorgará un plazo de 10 días, para su aportación, salvo que la normativa específica establezca otro plazo.

Realizadas las actuaciones de calificación y cuantificación oportunas, la Administración tributaria notificará sin más trámite. la liquidación que proceda. Esta notificación deberá realizarse en un plazo de 6 meses desde el día siguiente a la finalización del plazo para presentar la declaración o desde el siguiente a la comunicación de la de inicio del procedimiento por la Administración cuando el procedimiento que se hubiera iniciado mediante la declaración hubiera terminado por caducidad. En el caso de que la presentación de la declaración fuera extemporánea, el plazo de 6 meses para notificar la liquidación comenzará a contarse desde el día siguiente a la presentación de la declaración.

En las liquidaciones que se dicten en este procedimiento no se exigirán intereses de demora desde la presentación de la declaración hasta la finalización del plazo para el pago en período voluntario, sin perjuicio de la sanción que pueda proceder de acuerdo con el artículo 192 de la LGT por el incumplimiento de la obligación de presentar de forma completa y correcta la declaración y documentos necesarios para realizar la liquidación.

La liquidación que se dicte tendrá carácter provisional. La Administración tributaria no podrá efectuar una nueva regularización en relación con el objeto de que se ha comprobado, salvo que en un procedimiento de comprobación o investigación posterior se descubran nuevos hechos o circunstancias que resulten de actuaciones distintas de las realizadas y especificadas en la resolución.

> **CUESTIÓN**
>
> **¿Qué sucede si la Administración tributaria tiene en cuenta otros datos además de los que se han declarado por el obligado tributario?**
>
> En el supuesto de que la Administración tributaria vaya a tener en cuenta datos distintos a los declarados por el obligado tributario, deberá hacerse mención expresa de esta circunstancia en la propuesta de liquidación, que deberá notificarse, con una referencia sucinta a los hechos y fundamentos de derecho que la motiven, para que el obligado tributario alegue lo que convenga a su derecho, conforme a lo establecido en el apartado 3 del artículo 129 de la LGT.

|| Terminación

El procedimiento iniciado mediante declaración terminará por alguna de las siguientes causas:

- Por liquidación provisional practicada por la Administración tributaria.
- Por caducidad, una vez transcurrido el plazo 6 meses sin que se haya notificado la liquidación, sin perjuicio de que la Administración tributaria pueda iniciar de nuevo este procedimiento dentro del plazo de prescripción.
- Por el inicio de un procedimiento de comprobación limitada o de inspección que incluya el objeto del procedimiento iniciado mediante declaración o algún elemento de dicho objeto, en los tributos que se liquidan por las importaciones de bienes en la forma prevista por la legislación aduanera para los derechos de importación.

Contra la liquidación provisional podrá interponerse recurso de reposición o reclamación económico-administrativa.

|| Caducidad del procedimiento

La caducidad del procedimiento se produce por incumplimiento del plazo máximo de duración del mismo. En este caso la Administración tributaria, dentro del plazo de prescripción, podrá iniciar un nuevo procedimiento de liquidación. Se notificará una comunicación al obligado tributario que contendrá:

- Procedimiento que se inicia.
- Objeto del procedimiento con indicación expresa de las obligaciones tributarias o elementos de las mismas y, en su caso, períodos impositivos o de liquidación o ámbito temporal.
- Requerimiento que, en su caso, se formula al obligado tributario y plazo que se concede para su contestación o cumplimiento.
- Efecto interruptivo del plazo legal de prescripción.

- En su caso, la propuesta de resolución o de liquidación cuando la Administración cuente con la información necesaria para ello.

- En su caso, la indicación de la finalización de otro procedimiento de aplicación de los tributos, cuando dicha finalización se derive de la comunicación de inicio del procedimiento que se notifica.

En las liquidaciones que se dicten, cuando el procedimiento se inicie mediante la notificación de la comunicación, no se exigirán intereses de demora desde la presentación de la declaración hasta la finalización del plazo para el pago en período voluntario abierto con la notificación de la liquidación.

Especialidades del procedimiento iniciado mediante declaración en el ámbito aduanero

El artículo 134 del RGAT establece una serie de especialidades para el procedimiento que se inicie mediante una declaración en aduana para la inclusión de mercancías en un régimen aduanero.

En estos casos la Administración realizará las actuaciones necesarias para practicar la liquidación de los tributos sobre el comercio exterior que, en su caso, correspondan conforme a los datos declarados, los documentos que aporte el obligado o le sean requeridos, así como los datos que se deduzcan de las mercancías presentadas a despacho o cualquier otro dato que obre en poder de la Administración.

En función de los datos que tome en consideración la Administración para practicar la liquidación deberán tenerse en cuenta unas reglas:

- Cuando no tome en consideración datos o elementos distintos de los aportados por el declarante la liquidación se considerará, en su caso, producida y notificada con el levante de las mercancías.

- Cuando tome en consideración datos o elementos distintos de los declarados por el interesado o pudiera llegar a tomarlos, se observarán las siguientes reglas:

  » La Administración formulará la correspondiente propuesta de liquidación, que será notificada al interesado, en la que se consignarán los hechos y fundamentos de derecho que la motiven, así como su cuantificación y el derecho a presentar las alegaciones que tenga por conveniente y aportar, en su caso, los documentos y justificantes que considere oportuno dentro de los treinta días naturales siguientes al de la notificación o manifestar expresamente que no efectúa alegaciones ni aporta nuevos documentos o justificantes.

  » A solicitud del interesado, la Administración podrá autorizar el levante de la mercancía, previo el afianzamiento o, en su caso, el ingreso del importe de la liquidación que pudiera proceder.

  » Lo dispuesto en el punto anterior podrá aplicarse igualmente cuando la Administración haya iniciado las actuaciones para determinar la obligación tributaria pero no disponga aún de los datos necesarios para formular propuesta de liquidación. En el momento en que la Administración disponga de los datos necesarios, formulará la correspondiente propuesta de liquidación, conforme al primer punto.

El procedimiento de declaración finalizaría mediante la liquidación en cuya virtud la Administración determine el importe de la obligación tributaria nacida como consecuencia de la presentación de la declaración aduanera. No obstante, el procedimiento también podrá finalizar por el inicio de cualquier otro procedimiento de aplicación de los tributos que incluya la obligación derivada de la presentación de la declaración aduanera.

En los casos en que el obligado haya obtenido previamente el levante de la mercancía, las cantidades ingresadas como consecuencia del mismo minorarán el importe de la liquidación que finalmente se practique. El mismo efecto tendrán las cantidades ingresadas en virtud de la declaración simplificada o la inscripción en los registros del declarante siempre que deba presentarse declaración complementaria.

A TENER EN CUENTA. En ningún caso se entenderá finalizado el procedimiento por el hecho de que se efectúe el ingreso de las cantidades ingresadas como consecuencia del levante de la mercancía.

Cuando el procedimiento iniciado con la declaración en aduana para el despacho de las mercancías no lleve aparejada la práctica de una liquidación, la Administración dictará, en su caso, los actos administrativos que procedan según el régimen aduanero solicitado, sin perjuicio de la exigencia de la garantía que pueda corresponder. En estos casos el procedimiento se considerará finalizado en el momento en que se dicten dichos actos y una vez constituida la garantía que corresponda.

RESOLUCIÓN ADMINISTRATIVA

Resolución vinculante del Tribunal Económico Administrativo Central n.° 7375/2019, de 17 de septiembre de 2020

Asunto: Caducidad de los procedimientos de aplicación de los tributos que integran la deuda aduanera.

«Los procedimientos de aplicación de los tributos que integran la deuda aduanera iniciados con posterioridad a la entrada en vigor de la Ley 34/2015, de 21 de septiembre, de modificación parcial de la Ley 58/2003, de 17 de diciembre, o iniciados antes pero que no hayan finalizado en dicha fecha por notificación de resolución expresa o por caducidad, no podrán declararse caducados en ningún caso, salvo que transcurra el plazo máximo previsto en la normativa de la Unión Europea para notificar la deuda al obligado tributario».

2.3. Procedimiento para el reconocimiento de beneficios fiscales de carácter rogado

Procedimiento para el reconocimiento por la Administración tributaria de beneficios de carácter rogado

El artículo 136 del RGAT señala que este procedimiento se inicia a **instancia del obligado tributario mediante solicitud** dirigida al órgano competente para su concesión y se acompañará de los documentos y justificantes exigibles y de los que el obligado tributario considere convenientes.

La **comprobación de los requisitos** para la concesión de un beneficio fiscal se realizará de acuerdo con los datos y documentos que se exijan en la normativa reguladora del beneficio fiscal y los datos que declaren o suministren terceras personas o que pueda la Administración tributaria mediante requerimiento al propio obligado y a terceros.

Con carácter previo a la notificación de la resolución se deberá **notificar al obligado tributario la propuesta de resolución cuando vaya a ser denegatoria** para que, en un plazo de 10 días contados a partir del día siguiente al de la notificación de dicha propuesta, alegue lo que convenga a su derecho.

Este procedimiento **finalizará por resolución** en la que se reconozca o se deniegue la aplicación del beneficio fiscal. El **plazo máximo** para la notificación de la resolución del procedimiento será el que establezca la normativa reguladora del beneficio fiscal y, en su defecto, será de **6 meses**. Transcurrido el plazo para resolver sin que se haya notificado la resolución expresa, la solicitud podrá entenderse desestimada, salvo que la normativa aplicable establezca otra cosa.

El reconocimiento de los beneficios fiscales **surtirá efectos** desde el momento que establezca la normativa aplicable o, en su defecto, desde el **momento de su concesión.** El **reconocimiento de beneficios fiscales será provisional cuando esté condicionado** al cumplimiento de condiciones futuras o a la efectiva concurrencia de determinados requisitos no comprobados en el expediente. Su aplicación estará condicionada a la concurrencia en todo momento de las condiciones y requisitos previstos en la normativa aplicable.

Salvo disposición expresa en contrario, **una vez concedido un beneficio fiscal no será preciso reiterar la solicitud** para su aplicación en periodos futuros, salvo que se modifiquen las circunstancias que justificaron su concesión o la normativa aplicable.

Los obligados tributarios deberán comunicar al órgano que reconoció la procedencia del beneficio fiscal **cualquier modificación relevante de las condiciones o requisitos** exigible para la aplicación del beneficio fiscal. Dicho órgano podrá declarar, previa audiencia del obligado tributario por un plazo de 10 días, contados a partir del día siguiente al de la notificación de la apertura de dicho plazo, si procede o no la continuación de la aplicación del beneficio fiscal. De igual forma se procederá cuando la Administración tributaria conozca por cualquier medio la modificación de las condiciones o los requisitos para la aplicación del beneficio fiscal.

El **incumplimiento de los requisitos** exigidos para la aplicación del beneficio fiscal determinará la **pérdida del derecho a su aplicación** desde el momento que establezca la normativa específica o, en su defecto, desde que dicho incumplimiento se produzca, sin necesidad de declaración administrativa previa.

Tratándose de beneficios fiscales cuya aplicación dependa de condiciones futuras, el incumplimiento de estas obligará a la regularización del beneficio fiscal indebidamente aplicado conforme a lo dispuesto en el aparta-do 2 del artículo 122 de la LGT. A estos efectos, cuando se trate de tributos sin período impositivo o de liquidación, el obligado tributario deberá presentar una autoliquidación en el plazo de un mes desde la pérdida del derecho a la aplicación de la exención deducción o incentivo fiscal y deberá ingresar, junto con la cuota resultante o cantidad derivada de la exención, deducción o incentivo fiscal, los intereses de demora correspondientes.

Cuando la Administración regularice la aplicación de un beneficio fiscal de acuerdo con el apartado 3 del artículo 115 de la LGT, deberá comunicar esta circunstancia al órgano que reconoció dicho beneficio fiscal.

> **JURISPRUDENCIA**
>
> **Sentencia del Tribunal Supremo n.º 1495/2020, de 11 de noviembre, ECLI:ES:TS:2020:3718**
>
> **Asunto: La comprobación de los requisitos de la solicitud de beneficios fiscales impide el inicio de una actuación inspectora posterior sobre los mismos.**
>
> *«Determinar si en los procedimientos de gestión tributaria, cuando la liquidación provisional girada por el órgano gestor, sobre la base de la declaración tributaria y los documentos presentados por el obligado tributario, viene precedida de una tarea comprobadora, dentro de los márgenes en los que pueden moverse los órganos gestores, y en concreto, actuaciones de comprobación en relación con el cumplimiento de los requisitos legales exigidos para disfrutar de la reducción prevista en el artículo 20.2.c) de la Ley 29/1987, impide el inicio de una actuación inspectora posterior relativa a la comprobación de la concurrencia efectiva de tales requisitos. Ha de responderse en el sentido de que impide el inicio de una actuación inspectora posterior relativa a la comprobación de la concurrencia efectiva de tales requisitos».*

2.4. Procedimiento de verificación de datos tributarios

El procedimiento de verificación de datos tributarios

Este procedimiento se regula en los artículos 131 a 133 de la LGT, que se desarrollan a su vez en los artículos 155 y 156 del RGAT. Por cuanto se refiere a la naturaleza y alcance de este procedimiento, la **resolución vinculante del Tribunal Económico Administrativo Central n.º 4573/2015, de 15 de marzo de 2018**, ha establecido:

> «El procedimiento de verificación de datos se agota en el mero control formal de la declaración tributaria presentada y de la coincidencia, o no, con los datos en poder de la Administración o provenientes de otras declaraciones, no suponiendo el ejercicio de una actividad de comprobación en sentido estricto; ello no supone concluir que dentro de un procedimiento de verificación de datos no puedan sustanciarse discrepancias jurídicas, si

bien es cierto que éstas han de ser muy simples y derivarse directamente de los datos incluidos en la propia declaración tributaria».

Iniciación y tramitación del procedimiento de verificación de datos tributarios

Conforme establece el artículo 131 de la LGT la Administración tributaria podrá iniciar el procedimiento de verificación de datos en los siguientes supuestos:

- Cuando la declaración o autoliquidación del obligado tributario adolezca de defectos formales o incurra en errores aritméticos.
- Cuando los datos declarados no coincidan con los contenidos en otras declaraciones presentadas por el mismo obligado o con los que obren en poder de la Administración tributaria.
- Cuando se aprecie una aplicación indebida de la normativa que resulte patente de la propia declaración o autoliquidación presentada de los justificantes aportados con la misma.
- Cuando se requiera la aclaración o justificación de algún dato relativo a la declaración o autoliquidación presentada, siempre que no se refiera al desarrollo de actividades económicas.

Este procedimiento podrá iniciarse:

- Mediante requerimiento de la Administración para que el obligado tributario aclare o justifique la discrepancia observada o los datos relativos a su declaración o autoliquidación.
- Mediante la notificación de la propuesta de liquidación cuando la Administración tributaria cuente con datos suficientes para formularla.

En caso de que el obligado tributario manifieste su disconformidad con los datos que obran en poder de la Administración, se aplicará lo dispuesto en el apartado 4 del artículo 108 de la LGT.

Con carácter previo a la práctica de la liquidación provisional, la Administración deberá comunicar al obligado tributario la propuesta de liquidación para que, en el plazo de 10 días, alegue lo que convenga a su derecho. La propuesta de liquidación provisional deberá ser en todo caso motivada con una referencia sucinta a los hechos y fundamentos de derecho que hayan sido tenidos en cuenta en la misma.

RESOLUCIÓN ADMINISTRATIVA

Resolución vinculante del Tribunal Económico Administrativo Central n.º 2526/2019, de 27 de octubre de 2020

Asunto: Delimitación de la procedencia del procedimiento de verificación de datos.

«Según resulta de la STS de 19 de mayo de 2020 (recurso de Casación 3940/2017) se han de seguir las siguientes pautas para delimitar el ámbito de los procedimientos de verificación de datos:

La primera: que el procedimiento de verificación de datos no es cauce idóneo para comprobaciones que se refieran a hechos distintos de los que hayan sido declarados o expresados en la autoliquidación presentada por el contribuyente.

> *La segunda: que la rectificación de los hechos contenidos en la declaración o autoliquidación del contribuyente únicamente se puede efectuar a través de los específicos elementos de contraste que señala la letra b) del artículo 131 LGT 2003.*
>
> *Lo cual descarta que el procedimiento de verificación de datos pueda ser utilizado para comprobar la veracidad o exactitud de lo declarado por el obligado tributario sirviéndose de unos medios de prueba que sean diferentes a esos tasados elementos de contraste que han sido señalados; o que pueda ser iniciado para efectuar investigaciones sobre posibles hechos con relevancia tributaria del contribuyente, pero distintos de los que por él hayan sido incluidos en su declaración o autoliquidación.*
>
> *La propia sentencia aclara que ello no impide que comprobar la veracidad o exactitud de lo declarado por el obligado tributario, en este tipo de procedimientos se puede requerir al contribuyente la aportación de prueba de los hechos que invoca.*
>
> *La tercera: no es cauce idóneo este específico procedimiento tributario para efectuar calificaciones jurídicas, en contra de la tesis que haya sido preconizada por el contribuyente en su declaración o autoliquidación, cuando la Administración tributaria pretenda sustentar tales calificaciones jurídicas con argumentos o razonamientos de Derecho que sean razonablemente controvertibles y no constituyan una clara u ostensible evidencia en el panorama doctrinal o jurisprudencial.*
>
> *La utilización indebida del procedimiento de verificación de datos conlleva en todos los casos la nulidad de pleno derecho de las actuaciones».*

La propuesta de liquidación provisional deberá ser en todo caso motivada con una referencia sucinta a los hechos y fundamentos de derecho que hayan sido tenidos en cuenta en la misma.

Los **efectos** que produce el inicio del procedimiento de verificación de datos se concretan en:

- Interrupción del plazo legal de prescripción del derecho de la Administración tributaria para determinar la deuda tributaria en cuanto al tributo y período impositivo a los que se refiere esta, de conformidad con el apartado 1 del artículo 68 de la LGT.

- Interrupción del plazo legal de prescripción para imponer las sanciones tributarias que puedan derivarse de la regularización de la situación tributaria del obligado, según lo establecido en el apartado 3 del artículo 189 de la LGT.

- Si el obligado tributario efectúa ingresos relativos al período y objeto de verificación con posterioridad al inicio del procedimiento, aquellos tienen el carácter de ingresos a cuenta sobre el importe de la liquidación que, en su caso, se practique, sin que esta circunstancia impida la apreciación de las infracciones tributarias que puedan corresponder. En este caso, no se devengarán intereses de demora. Esta previsión se encuentra establecida en el apartado 5 del artículo 87 del RGAT.

- No tienen efecto vinculante para la Administración tributaria las contestaciones a las consultas tributarias escritas que plantee el obligado tributario respecto a cuestiones relacionadas con el objeto de verificación, de conformidad con lo establecido en el apartado 2 del artículo 89 de la LGT.

|| Terminación del procedimiento de verificación de datos

El procedimiento terminará de alguna de las siguientes formas:

- Por resolución en la que se indique que no procede practicar liquidación provisional o en la que se corrijan los defectos advertidos.

- Por liquidación provisional, que deberá ser en todo caso motivada con una referencia sucinta a los hechos y fundamentos de derecho que se hayan tenido en cuenta en la misma.

- Por la subsanación, aclaración, o justificación de la discrepancia o del dato objeto del requerimiento por parte del obligado tributario. En este caso se hará constar en diligencia esta circunstancia y no será necesario dictar resolución expresa.

- Por caducidad, una vez transcurrido el plazo que se regula en el artículo 104 de la LGT sin haberse notificado liquidación provisional, sin perjuicio de que la Administración también pueda iniciar de nuevo este procedimiento dentro del plazo de prescripción.

- Por el inicio de un procedimiento de comprobación limitada o de inspección que incluya el objeto del procedimiento de verificación de datos.

> **A TENER EN CUENTA**. La verificación de datos no impedirá la posterior comprobación del objeto de la misma.

En caso de que la liquidación resultante sea una cantidad a devolver, conforme señala el apartado 2 del artículo 156 del RGAT, la liquidación de demora deberá efectuarse de la siguiente forma:

- Devolución de ingresos indebidos, se liquidarán a favor del obligado tributario intereses de demora en los términos del apartado 2 del artículo 32 de la LGT.

- Devolución derivada de la normativa de un tributo, se liquidarán intereses de demora a favor del obligado tributario en los términos del artículo 31 de la LGT y en el artículo 125 del RGAT.

> **JURISPRUDENCIA**
>
> **Sentencia del Tribunal Supremo n.º 1539/2021, de 20 de diciembre, ECLI:ES:TS:2021:4784**
>
> **Asunto: nulidad de la liquidación tributaria practicada mediante la utilización del procedimiento de verificación de datos cuando el adecuado era el de comprobación limitada.**
>
> «Nuestra reciente jurisprudencia sobre la utilización del procedimiento de verificación de datos (o, mutatis mutandis y por lo que hace al caso analizado, el procedimiento iniciado mediante autoliquidación) cuando el adecuado era el de comprobación limitada es de una contundencia absoluta: constituye un supuesto de nulidad radical, sin matices. Hemos afirmado lo siguiente:
>
> 'Siendo patente por tanto la improcedente utilización del procedimiento de verificación de datos, se plantea a continuación si la consecuencia ha de ser la nulidad de pleno derecho de lo actuado al amparo del artículo 217.1.e) de la LGT por haberse

dictado prescindiendo total y absolutamente del procedimiento legalmente esteblecido para ello.

En efecto, existe una utilización indebida del procedimiento de verificación 'ab initio' pues la Administración utilizó dicho procedimiento precisamente para una finalidad que el propio artículo 131 prohíbe, con la consiguiente disminución de las garantías y derechos del administrado, y a su salida o resolución, pues en lugar de dar lugar a un procedimiento de comprobación limitada o inspección, se resuelve el fondo del asunto mediante la correspondiente liquidación pronunciándose sobre la actividad económica.

Por ello a la pregunta formulada por la Sección Primera sobre 'Si la anulación de una liquidación tributaria practicada como desenlace de un procedimiento de verificación de datos, cuando debió serlo en uno de comprobación limitada, integra un supuesto de mera anulabilidad o uno de nulidad de pleno Derecho, con la consecuencia en este segundo caso, conforme a la jurisprudencia del Tribunal Supremo, de la incapacidad de las actuaciones desarrolladas en el procedimiento de verificación de datos para interrumpir el plazo de prescripción del derecho de la Administración a determinar la deuda tributaria mediante la oportuna liquidación' ha de contestarse que la utilización de un procedimiento de verificación de datos, cuando debió serlo de uno de comprobación limitada, constituye un supuesto de nulidad de pleno derecho'».

2.5. Procedimiento tributario de comprobación de valores

El procedimiento de comprobación de valores

El procedimiento de comprobación de valores se regula en los artículos 134 y 135 de la LGT, que se encuentran desarrollados en los artículos 157 y siguientes del RGAT.

|| La comprobación de valores

El artículo 134 de la LGT señala que la Administración tributaria podrá proceder a la comprobación de valores de acuerdo con los medios previstos en el artículo 57 de la LGT, salvo que el obligado tributario hubiera declarado utilizando los valores publicados por la propia Administración actuante en aplicación de alguno de los citados medios. Este procedimiento se podrá **iniciar mediante una comunicación de la Administración actuante** o, cuando se cuente con datos suficientes, mediante la **notificación conjunta de las propuestas de liquidación y valoración** a que se refiere el apartado 3 del propio artículo 134 de la LGT.

El artículo 57 de la LGT señala como **medios para que la Administración tributaria determine el valor** de las rentas, productos, bienes y demás elementos los siguientes:

- Capitalización o imputación de rendimientos al porcentaje que la ley de cada tributo señale.

- Estimación por referencia a los valores que figuren en los registros oficiales de carácter fiscal. La aplicación de éste exigirá que la metodología técnica utilizada para el cálculo de los coeficientes multiplicadores, los coeficientes resultantes de dicha metodología y el periodo de tiempo de validez hayan sido objeto de aprobación y publicación por la Administración tributaria que los vaya a aplicar.

- Precios medios en el mercado. La Administración tributaria podrá aprobar y publicar la metodología o el sistema de cálculo utilizado para determinar dichos precios medios en función del tipo de bienes, así como los valores resultantes.

- Cotizaciones en mercados nacionales e internacionales.

- Dictamen de peritos de la Administración.

- Valor asignado a los bienes en las pólizas de contratos de seguros.

- Valor asignado para la tasación de las fincas hipotecadas en cumplimiento de los previsto en la legislación hipotecaria.

- Precios o valor declarado correspondiente a otras transmisiones del mismo bien, teniendo en cuenta las circunstancias de éstas, realizadas dentro del plazo que reglamentariamente se establezca. En este caso el valor de los bienes transmitidos determinante de la obligación tributaria podrá ser comprobado por la Administración tributaria atendiendo al precio o valor declarado correspondiente a otras transmisiones del mismo bien realizadas dentro del plazo de un año desde la fecha del devengo del impuesto en el que surta efecto siempre que se mantengan sustancialmente las circunstancias de carácter físico, jurídico y económico determinantes de dicho valor.

- Cualquier otro medio que se determine en la ley propia de cada tributo.

De conformidad con el artículo 159 del RGAT la **comprobación de valores también podrá realizarse como una actuación concreta en alguno de los siguientes procedimientos**:

- Procedimiento iniciado mediante declaración.

- Procedimiento de comprobación limitada.

- Procedimiento de inspección.

Cuando la comprobación se realice en el ámbito de alguno de los procedimientos anteriores y dicha comprobación no se realice por el órgano que tramita el procedimiento, el valor comprobado se incorporará al procedimiento del que trae causa.

La Administración tributaria deberá notificar a los obligados tributarios las actuaciones que precisen de su colaboración. En estos supuestos, los obligados deberán facilitar a la Administración tributaria la práctica de dichas actuaciones.

En caso de que el valor determinado por la Administración tributaria sea distinto al declarado por el obligado tributario, al tiempo de notificar la propuesta de regularización, comunicará la propuesta de valoración debidamente motivada, con expresión de los medios y criterios empleados. Una vez transcurra el plazo de alegaciones abierto con la propuesta de regularización, la Administración tributaria notificará la regularización que proceda a la que deberá acompañarse la valoración realizada.

Los **obligados tributarios no podrán interponer recurso o reclamación independiente contra la valoración, pero podrán promover la tasación pericial contradictoria o plantear cualquier cuestión relativa a la valoración con ocasión de los recursos o reclamaciones que, en su caso, interpongan contra el acto de regularización.**

En los supuestos en los que la ley establezca que el valor comprobado debe producir efectos respecto a otros obligados tributarios, la Administración tributaria actuante quedará vinculada por dicho valor en relación con los demás interesados. La ley de cada tributo podrá establecer la obligación de notificar a dichos interesados el valor comprobado para que puedan promover su impugnación o la tasación pericial contradictoria. Así mismo, cuando en un procedimiento posterior el valor comprobado se aplique a otros obligados tributarios, éstos podrán promover su impugnación o la tasación pericial contradictoria.

Si de la impugnación o de la tasación pericial contradictoria promovida por un obligado tributario resultase un valor distinto, dicho valor será aplicable a los restantes obligados tributarios a los que fuese de aplicación dicho valor en relación con la Administración tributaria actuante.

JURISPRUDENCIA

Sentencia del Tribunal Supremo n.° 363/2024, de 1 de marzo, ECLI:ES:TS:2024:1197

Asunto: La solicitud del dictamen de perito para verificar el valor del bien, supone que el procedimiento de comprobación de valores se entiende iniciado.

«Por tanto, desde que la Administración tributaria solicita un informe de valoración a través de una de sus unidades, donde se encuadra el perito que emite el dictamen, se realizan actuaciones para comprobar el valor de los bienes inmuebles y, en consecuencia, se ha iniciado el procedimiento de comprobación de valores, sin que pueda producirse un diferimiento del efecto iniciador, a efectos del cómputo del plazo de caducidad del procedimiento, a la fecha de otro acuerdo, este formal, de incoación y propuesta de liquidación.

Ciertamente la Administración podrá notificar conjuntamente la propuesta de liquidación y la valoración, posibilidad contemplada en el art. 134.1 LGT, si dispone de los datos necesarios para ello, pero no podrá practicar primero la comprobación que se deja pendiente de poner en conocimiento del interesado hasta que la Administración estime oportuno incoar el procedimiento, eludiendo así el cumplimiento del plazo para resolver. No tendría sentido, ya se ha dicho, que si la solicitud de informe no se produjera dentro del procedimiento, que el art. 103 del Real Decreto 1065/2007, de 27 de julio, de actuaciones tributarias, se atribuya a tal actuación el efecto de interrupción justificada del procedimiento, por todo el periodo transcurrido desde la remisión de la petición hasta que el órgano competente reciba los dictámenes. Si hay interrupción justificada es, simplemente, porque está dentro de procedimiento, pues en otro caso, resultaría indiferente a efectos del plazo máximo de duración de los procedimientos.

Por consiguiente, establecemos como doctrina jurisprudencial que desde que solicita un dictamen de peritos para verificar el valor del bien, la Administración ha iniciado un procedimiento de comprobación de valores, y en ese momento se deberá notificar la incoación al interesado».

RESOLUCIÓN ADMINISTRATIVA

Resolución del Tribunal Económico Administrativo Central n.º 1366/2022, de 29 de abril de 2024

Asunto: Cómputo del plazo de caducidad del procedimiento de comprobación de valores.

«En aplicación de la doctrina jurisprudencial (STS de 8-03-2023, rec. 5810/2021, y de 1 de marzo de 2024, rec. 7146/2022), las actuaciones previas al inicio formal del procedimiento han de considerarse parte del mismo, por lo que tienen el carácter de acto iniciador del procedimiento.

En tal sentido, en palabras del Alto Tribunal, desde que la Administración Tributaria solicita el dictamen a través de una de sus unidades a aquella donde se encuadra el perito que emite el dictamen, se están realizando actuaciones para comprobar el valor de los bienes inmuebles y, en consecuencia, se ha iniciado el procedimiento sin que pueda producirse un diferimiento del efecto iniciador, a efectos del cómputo del plazo de caducidad del procedimiento, a la fecha de otro acuerdo, este formal, de incoación y propuesta de liquidación».

|| Procedimiento de comprobación de valores

En este procedimiento la Administración tributaria podrá:

- Examinar los datos en poder de la Administración.
- Examinar los datos consignados por los obligados tributarios en sus declaraciones y examinar los justificantes presentados o que se requieran al efecto.
- Requerir al obligado tributario o a terceros la información necesaria para efectuar la valoración.
- Realizar el examen físico y documental de los bienes y derechos objeto de valoración.

En el dictamen de peritos será necesario el reconocimiento personal del bien valorado por el perito cuando se trate de bienes singulares o de aquellos de los que no puedan obtenerse todas sus circunstancias relevantes en fuentes documentales contrastadas. La negativa del poseedor del bien a dicho reconocimiento eximirá a la Administración tributaria del cumplimiento de este requisito.

La **propuesta de valoración** resultante de la comprobación de valores **deberá ser motivada**, debiendo recoger expresamente la normativa aplicada y el detalle de su aplicación. En particular deberá contener los siguientes extremos:

- En la estimación por referencia a los valores que figuren en los registros oficiales de carácter fiscal deberá especificarse el valor tomado como referencia y los parámetros, coeficientes y demás elementos de cuantificación utilizados para determinar el valor.
- En la utilización de precios medios de mercado deberá especificarse la adaptación de los estudios de precios medios de mercado y del sistema de cálculo al caso concreto.
- En los dictámenes de peritos se deberán expresar de forma concreta los elementos de hecho que justifican la modificación del valor de-

clarado, así como la valoración asignada. Cuando se trate de bienes inmuebles se hará constar expresamente el módulo unitario básico aplicado, con expresión de su procedencia y modo de determinación, y todas las circunstancias relevantes, tales como superficie, antigüedad u otras, que hayan sido tomadas en consideración para la determinación del valor comprobado, con expresión concreta de su incidencia en el valor final y la fuente de su procedencia.

La **valoración administrativa servirá de base a la liquidación provisional** que se practique, sin perjuicio de que se pueda iniciar un procedimiento de verificación de datos, de comprobación limitada o de inspección respecto de otros elementos de la obligación tributaria.

2.5.1. Tasación pericial contradictoria en el procedimiento de comprobación de valores

Tasación pericial contradictoria

Los **interesados podrán promover la tasación pericial contradictoria**, en corrección de los medios de comprobación fiscal de valores señalados en el artículo 57 de la LGT, **dentro del plazo del primer recurso o reclamación** que proceda contra la liquidación efectuada de acuerdo con los valores comprobados administrativamente o, cuando la normativa tributaria así lo prevea, contra el acto de comprobación de valores debidamente notificado.

> **A TENER EN CUENTA**. En el caso de que en el momento de solicitar la tasación pericial contradictoria contra la liquidación ya se hubiera impuesto la correspondiente sanción y como consecuencia de aquella se dictará una nueva liquidación, se procederá a anular la sanción y a imponer otra teniendo en cuenta la cuantificación de la nueva liquidación.

El artículo 161 del RGAT establece que cuando se solicite la tasación pericial contradictoria, será necesaria la valoración realizada por un perito de la Administración en el supuesto en que la comprobación del valor se hubiese efectuado por un medio distinto del dictamen de peritos de la Administración. A estos efectos, el órgano competente remitirá a los servicios técnicos correspondientes una relación de los bienes y derechos a valorar. En el plazo de 15 días, el personal con título adecuado a la naturaleza de los mismos formulará por duplicado la correspondiente hoja de aprecio, en la que deberán constar el resultado de la valoración realizada y los criterios empleados.

Únicamente se entenderá que los obligados tributarios promueven la tasación pericial contradictoria, si los motivos de oposición a la valoración solo se refieren a la cuantificación de sus elementos técnicos, tales como el módulo unitario básico, la depreciación por antigüedad o los coeficientes y cifras en que se concretan las demás circunstancias consideradas en la cuantificación, salvo que el obligado tributario manifieste expresamente que no desea promover la tasación pericial contradictoria sino la impugnación del acto administrativo.

El **procedimiento de tasación pericial contradictoria terminará** de alguna de las siguientes formas:

- Por la entrega en la Administración tributaria de la valoración efectuada por el perito tercero.
- Por el desistimiento del obligado tributario, al no haber nombrado perito o presentado valoración en los plazos establecidos en los apartados 2 y 3 del artículo 161 del RGAT.
- Por no ser necesaria la designación del perito tercero de acuerdo con lo establecido en el apartado 2 del artículo 135 de la LGT.
- Por la falta de depósito de honorarios por cualquiera de las partes en caso de que el perito lo haya exigido de conformidad con el párrafo cuarto del apartado 3 del artículo 135 de la LGT.
- Por caducidad en los términos que establece el apartado 3 de la artículo 104 de la LGT.

Una vez terminado el procedimiento, la Administración tributaria competente notificará en el plazo de 1 mes la liquidación que corresponda a la valoración que deba tomarse como base en cada caso, así como la de los intereses de demora que correspondan. En caso de incumplimiento del plazo supondrá que no se exijan intereses de demora desde que se produzca dicho incumplimiento.

Con la **notificación de la liquidación se iniciará el plazo para que el ingreso sea efectuado, así como el cómputo del plazo para interponer el recurso o reclamación económico-administrativa contra la liquidación** en el caso de que dicho plazo hubiera sido suspendido por la presentación de la solicitud de tasación pericial contradictoria.

RESOLUCION RELEVANTE

Sentencia de la Audiencia Nacional, rec. 278/2018, de 28 de julio de 2021, ECLI:ES:AN:2021:3536

Asunto: presunción de desistimiento por no haber presentado el perito la valoración en el plazo de 1 mes.

«Es importante destacar que cuando el desistimiento es tácito y, por lo tanto, se presume, los actos generadores de la presunción deben ser concluyentes, es decir, no debe caber duda razonable que tras los mismos se oculta la voluntad inequívoca de desistir. Pues como afirma la STC 195/1999, estamos ante una ' presunción de abandono' que para que opere debe ser nítida, de forma tal que, de los hechos de los que parte la presunción, pueda inferirse sin fisuras la voluntad tácita de desistir.

Ahora bien, para que pueda sostenerse con rigor que existe voluntad de desistir es preciso que los actos de los que se infiere la voluntad tácita procedan o puedan ser imputados a aquel sujeto cuya voluntad se presume. No siendo esto lo que hace la norma reglamentaria si se interpreta literalmente, pues del incumplimiento de un 'tercero' es decir, del perito designado, infiere que el obligado tributario ya no tiene interés en continuar el procedimiento. Inferencia que es desproporcionada, pues el medio -no presentación en plazo de informe- no guarda la necesaria conexión con el fin -voluntad de desistir por parte del obligado tributario-.

En nuestra opinión, sólo caben dos formas para sostener que de la no emisión en plazo pueda inferirse la voluntad de desistir del procedimiento de tasación pericial contradictoria por parte del obligado tributario: la primera notificándole también la relación de bienes y, por lo tanto, poniendo en su conocimiento cuando se inicia el transcurso del plazo del mes que podría dar lugar a tenerle por desistido, obligándose o haciéndole copartícipe del cumplimiento de la obligación del perito - para eso tiene que saber con certeza el dies a quo-. La segunda concediéndole un plazo para la subsanación cuando el perito incumpla su obligación».

RESOLUCIÓN ADMINISTRATIVA

Resolución del Tribunal Económico Administrativo Central n.° 5262/2023, de 19 de noviembre de 2024

Asunto: Posibilidad de dictar una tercera liquidación cuando las dos liquidaciones anteriores han sido anuladas consecuencia de estar insuficientemente motivado el dictamen del perito tercero que les servía de base.

«No cabe prohibir a la Administración tributaria dictar una nueva liquidación cuando, anulada una primera liquidación por falta de motivación del dictamen del perito tercero en el marco de un procedimiento de tasación pericial contradictoria y debidamente comunicada tal circunstancia al perito tercero por la Administración tributaria, se anula la liquidación posterior (segunda liquidación) por apreciarse de nuevo el mismo defecto de motivación en el segundo dictamen del perito tercero.

En este supuesto, deberá anularse la segunda liquidación y ordenar la retroacción de actuaciones al momento en que se produjo el defecto formal apreciado en el procedimiento de tasación pericial contradictoria a fin de que se proceda a su subsanación».

CUESTIÓN

¿Qué efectos tiene la solicitud de tasación contradictoria?

Tal como establece el apartado 1 del artículo 135 de la LGT, la presentación de la solicitud, o la reserva del derecho a promoverla, determinará la suspensión de:

– La ejecución de la liquidación.

– El plazo para interponer recurso o reclamación contra la liquidación.

– El plazo para iniciar el procedimiento sancionador que, en su caso, derive de la liquidación.

– El plazo máximo para la terminación del procedimiento sancionador, en caso de que éste se hubiera iniciado.

2.6. Procedimiento tributario de comprobación limitada

El procedimiento de comprobación limitada

En el procedimiento de comprobación limitada, conforme señala el artículo 136 de la LGT, la **Administración tributaria podrá comprobar** los hechos, actos, elementos, actividades, explotaciones y demás circunstancias determinantes de la obligación tributaria. En este procedimiento también podrá realizar únicamente las siguientes actuaciones:

- Examen de los datos consignados por los obligados tributarios en sus declaraciones y de los justificantes presentados o que se requieran al efecto.

- Examen de los datos antecedentes en poder de la Administración tributaria que pongan de manifiesto la realización del hecho imponible o del presupuesto de una obligación tributaria, o la existencia de elementos determinantes de la misma no declarados o distintos a los declarados por el obligado tributario.

- Examen de los registros y demás documentos exigidos por la normativa tributaria y de cualquier otro libro, registro o documento de carácter oficial, así como el examen de las facturas o documentos que sirvan de justificante de las operaciones incluidas en dichos libros, registros o documentos.

- Requerimientos a terceros para que aporten información y documentación justificativa con el objeto de comprobar la veracidad de la información que obre en poder de la Administración tributaria, incluida la obtenida en el procedimiento.

A TENER EN CUENTA. El examen de la contabilidad se limitará a constatar la coincidencia entre lo que figure en la misma y la información que obre en poder de la Administración tributaria. Este examen no impedirá ni limitará la ulterior comprobación de las operaciones a que la misma se refiere en un procedimiento de inspección.

Las **actuaciones de comprobación limitada no podrán realizarse fuera de las oficinas de la Administración tributaria**, salvo las que procedan, según la normativa aduanera o para el examen de la contabilidad, o en los supuestos previstos reglamentariamente a objeto de realizar comprobaciones censales o relativas a la aplicación de métodos objetivos de tributación, en cuyo caso los funcionarios que desarrollen dichas actuaciones tendrán las facultades reconocidas en los apartados 2 y 4 del artículo 142 de la LGT. A estos efectos, cuando el procedimiento de comprobación limitada incluya comprobaciones podrán realizarse en las oficinas, despachos, locales y establecimientos del obligado tributario en los supuestos en que sea necesario el examen físico de los hechos o circunstancias objeto de comprobación.

CUESTIÓN

¿Es posible que la Administración tributaria requiera a terceros información sobre movimientos financieros?

No, tal como señala el apartado 3 del artículo 136 de la LGT, en ningún caso, se podrá requerir a terceros información sobre movimientos financieros. Ahora bien, podrá solicitarse al obligado tributario la justificación documental de operaciones financieras que tengan incidencia en la base o en la cuota de una obligación tributaria.

|| Inicio y tramitación del procedimiento de comprobación limitada

Estas actuaciones **se iniciarán de oficio** por acuerdo del órgano competente, entre otros, en los siguientes supuestos:

- Cuando en relación con las autoliquidaciones, declaraciones, comunicaciones de datos o solicitudes presentadas por el obligado tributario, se adviertan errores en su contenido o discrepancias entre los datos declarados o justificantes aportados y los elementos de prueba que obren en poder de la Administración tributaria.

- Cuando en relación con las autoliquidaciones, declaraciones, comunicaciones de datos o solicitudes presentadas por el obligado tributario proceda comprobar todos o algún elemento de la obligación tributaria.

- Cuando de acuerdo con los antecedentes que obren en poder de la Administración, se ponga de manifiesto la obligación de declarar o la realización del hecho imponible o del presupuesto de hecho de una obligación tributaria sin que conste la presentación de la autoliquidación o declaración tributaria.

El inicio de estas actuaciones de comprobación deberá **notificarse a los obligados tributarios** mediante comunicación que deberá expresar la naturaleza y alcance de las mismas e informará sobre sus derechos y obligaciones en el curso de tales actuaciones. Cuando los datos en poder de la Administración tributaria sean suficientes para formular propuesta de liquidación, el procedimiento podrá iniciarse mediante la notificación de dicha propuesta.

Establece el apartado 1 del artículo 164 del RGAT que, con carácter previo a la apertura del plazo de alegaciones, la Administración tributaria podrá acordar de forma motivada la ampliación o reducción del alcance de las actuaciones, este acuerdo habrá de notificarse al obligado tributario.

Las actuaciones relativas al análisis de la contabilidad deberán practicarse en el lugar donde legalmente deban hallarse los libros de contabilidad o documentos, con las siguientes excepciones:

- Exista previa conformidad del obligado tributario, que se hará constar en diligencia, podrá examinarse en las oficinas de la Administración tributaria o en cualquier otro lugar en el que así se acuerde.

- Se hubieran obtenido copias en cualquier soporte podrán examinarse en las oficinas de la Administración tributaria.

Con carácter previo a la resolución, la Administración deberá **notificar al obligado tributario la propuesta de resolución o de liquidación** para que, en un plazo de 10 días, contados a partir del día siguiente al de la notificación de la propuesta, alegue lo que convenga a su derecho. Podrá prescindir de este trámite de alegaciones cuando la resolución contenga manifestación expresa de que no procede regularizar la situación tributaria como consecuencia de la comprobación realizada.

En relación con cada obligación tributaria objeto del procedimiento podrá dictarse una única resolución respecto de todo el ámbito temporal objeto de la comprobación a fin de que la deuda resultante se determine mediante la suma algebraica de las liquidaciones referidas a los distintos periodos impositivos o de liquidación comprobados.

CUESTIÓN

¿Dónde debe examinar la contabilidad la Administración tributaria?

El párrafo tercero del apartado 2 del artículo 138 de la LGT, establece que la contabilidad deberá ser examinada en el domicilio, local, despacho u oficina del obligado tributario, en presencia del mismo o de la persona que designe, salvo que aquel consienta su examen en las oficinas públicas. No obstante, la Administración tributaria podrá analizar en sus oficinas las copias de la contabilidad en cualquier soporte.

|| Terminación del procedimiento de comprobación limitada

Los obligados tributarios deberán atender a la Administración tributaria y le prestarán la debida colaboración en el desarrollo de sus funciones. Dentro de este **deber de colaboración** se encuentra el de personarse en el lugar, día y hora en el caso de que sea requerido, así como el de aportar los documentos y demás elementos solicitados.

Conforme señala el artículo 139 de la LGT, el **procedimiento de comprobación limitada terminará** de alguna de las siguientes formas:

- Por resolución expresa de la Administración tributaria, que deberá incluir:
  - » Obligación tributaria o elementos de la misma y ámbito temporal objeto de la comprobación.
  - » Especificación de las actuaciones concretas realizadas.
  - » Relación de hechos y fundamentos de derecho que motiven la resolución.
  - » Liquidación provisional o, en su caso, manifestación expresa de que no procede regularizar la situación tributaria como consecuencia de la comprobación realizada.
- Por caducidad, una vez transcurrido el plazo de 6 meses sin que se haya notificado resolución expresa, sin que ello impida que la Administración tributaria pueda iniciar de nuevo este procedimiento dentro del plazo de prescripción.
- Por el inicio de un procedimiento inspector que incluya el objeto de la comprobación limitada.

Por cuanto se refiere a los **intereses de demora,** el artículo 165 del RGAT establece que cuando la liquidación resultante del procedimiento de comprobación limitada sea una cantidad a devolver, deberá efectuarse la liquidación de los mismos de la siguiente forma:

- Cuando se trate de una devolución de ingresos indebidos, se liquidarán a favor del obligado tributario intereses de demora sin que el obligado tributario lo solicite. El interés de demora se devengará desde la fecha en que se hubiese realizado el ingreso indebido hasta la fecha en que se ordene el pago. No se computarán, a efectos del cálculo de los intereses, las dilaciones en el procedimiento por causa no imputable a la Administración.

• Cuando se trate de una devolución derivada de la normativa de un tributo, si trascurrido el plazo fijado en las normas reguladoras de cada tributo y, en todo caso, el plazo de 6 meses, sin que se hubiera ordenado el pago por causa imputable a la Administración tributaria, se abonará el interés de demora, sin necesidad de que el obligado lo solicite. A estos efectos, el interés de demora se devengará desde la finalización de dicho plazo hasta la fecha en que se ordene el pago, no se computará en el cálculo las dilaciones en el procedimiento no imputables a la Administración.

Una vez se haya dictado resolución, la Administración tributaria **no podrá efectuar una nueva regularización en relación con el objeto comprobado**, salvo que en un procedimiento de comprobación limitada o inspección posterior se descubran nuevos hechos o circunstancias que resulten de actuaciones distintas de las realizadas y especificadas en dicha resolución.

Los hechos o elementos determinantes de la deuda tributaria respecto de los que el obligado tributario o su representante haya prestado conformidad expresa no podrán ser impugnados salvo que pruebe que incurrió en error de hecho.

JURISPRUDENCIA

Sentencia del Tribunal Supremo n.° 509/2022, de 3 de mayo, ECLI:ES:TS:2022:1811

Asunto: Ampliación del alcance de las actuaciones de comprobación limitada de la Administración tributaria.

«En garantía de los derechos del contribuyente reconocidos en los artículos 34.1.ñ) y 137 LGT, y al margen de toda otra consideración, la Administración tributaria solo podría ampliar el alcance de sus actuaciones de comprobación limitada, con motivación singularizada al caso, en el caso de que lo comunicara con carácter previo -no simultáneo, ni posterior- a la apertura del plazo de alegaciones, siendo nulo, por lo tanto, el acto final del procedimiento de gestión de tal clase en que se haya acordado esa ampliación en momento simultáneo, o posterior, a la comunicación al comprobado de la concesión del plazo para puesta de manifiesto y para efectuar alegaciones a la propuesta de liquidación».

Sentencia del Tribunal Supremo n.° 765/2025, de 16 de junio, ECLI:ES:TS:2025:2637

Asunto: Consecuencias de la falta de declaración expresa de la caducidad de un procedimiento de comprobación limitada respecto de un procedimiento inspector iniciado posteriormente.

«La respuesta a la cuestión de interés casacional, conforme a lo que hemos razonado, debe ser la siguiente.

1. Se ratifica la doctrina jurisprudencial reiterada de esta Sala atinente a que la caducidad del procedimiento de gestión, susceptible de causar efectos desfavorables o de gravamen, ha de ser declarada obligatoriamente, sin que exista una pretendida facultad administrativa de no declararla. Tal declaración de caducidad ha de ser expresa, conforme a lo dispuesto en el artículo 104.5 LGT, en relación con el artículo 103.2 del mismo texto legal.

2. La falta de declaración expresa de caducidad de un procedimiento de comprobación limitada, relativo a un determinado concepto tributario (obligación tributaria o elemento de la obligación tributaria) y período impositivo, determina la invalidez del inicio de un ulterior procedimiento de inspección respecto de dicho concepto tributario (obligación tributaria o elemento de la obligación tributaria) y período impositivo».

RESOLUCIÓN ADMINISTRATIVA

Resolución vinculante del Tribunal Económico Administrativo Central n.º 2581/2021, de 24 de octubre de 2023

Asunto: Obligación de adecuación del alcance de las actuaciones a la comprobación efectivamente realizada.

«El incumplimiento de la obligación de adecuación del alcance de las actuaciones a la comprobación efectivamente realizada no es un defecto formal o procedimental, sino una infracción sustantiva de la letra y el espíritu de la ley formal, que se incardina en el ámbito del artículo 48.1 de la Ley 39/2015, esto es, la anulabilidad del acto, procediendo la anulación total de la liquidación en la que se aprecia dicho defecto (en el caso planteado, la liquidación por el 1T/2014 del Impuesto sobre el Valor Añadido).

En resoluciones anteriores, como la de 22 de septiembre de 2021 (RG 00-03799-2018), este Tribunal consideró que el defecto invalidante no afectaba a aquella parte de la liquidación que se adecuaba al alcance inicialmente comunicado o debidamente ampliado, de forma que únicamente se anulaba la liquidación en la parte de la misma que correspondía a regularizaciones que excedían de ese inicial alcance comunicado o debidamente ampliado. No obstante, a la vista de esta STS de 3 de mayo de 2022, este TEAC debe cambiar su criterio, procediendo la anulación total de la liquidación.

A idéntica conclusión de anulación total ha llegado este Tribunal Central en la resolución de 25 de septiembre de 2023 (RG: 00-02511-2023).

CAMBIO DE CRITERIO. Modifica el criterio de las resoluciones de fecha 22 de septiembre de 2021 (RG 3799/2018) y de 22 de marzo de 2022 (RG 6608/2019) (validez de la liquidación en la parte no afectada por la extralimitación del alcance). Se mantiene el criterio de la improcedencia de la retroacción de actuaciones de aquellas resoluciones».

2.7. Procedimiento de inclusión en el sistema de cuenta corriente en materia tributaria

La cuenta corriente tributaria

El artículo 138 del RGAT determina los obligados que **pueden acogerse a este sistema de cuenta corriente** en materia tributaria, estableciendo como requisitos:

- Que ejerzan actividades empresariales o profesionales y que, como consecuencia de dicho ejercicio, deban presentar periódicamente autoliquidaciones por el IVA o autoliquidaciones por retenciones e ingresos a cuenta de rendimientos del trabajo, de actividades profesionales, agrícolas y ganaderas de premios.

- Que el importe de los créditos reconocidos durante el ejercicio inmediatamente anterior al de la solicitud de la cuenta corriente sea equivalente al menos, al 40 % de las deudas tributaria devengadas durante el mismo periodo de tiempo. A efectos de este cálculo, únicamente se tendrán en cuenta los créditos y las deudas tributarias a los que se refiere el artículo 139 del RGAT.

- Que se verifique la concurrencia de las siguientes circunstancias:

  » Estar dados de alta en el Censo de Empresarios, Profesionales y Retenedores, cuando se trate de personas o entidades obligados a estar en dicho censo, y estar dado de alta en el IAE, cuando se trate de sujetos pasivos no exentos de dicho impuesto.

  » Haber presentado las autoliquidaciones cuyo plazo reglamentario de presentación hubiese vencido en los doce meses anteriores a la fecha de presentación de la solicitud de inclusión en el sistema de cuenta corriente en materia tributaria, correspondiente al IRPF, al IS o al IRNR cuando se trate de obligados tributarios que obtengan rentas mediante establecimiento permanente, según se trate de personas o entidades sujetas a alguno de dichos impuestos, así como las correspondientes autoliquidaciones y declaraciones informativas por los pagos a cuenta que en cada caso procedan.

  » Haber presentado las autoliquidaciones y la declaración resumen anual del IVA, así como la declaración anual de operaciones con terceras personas y las declaraciones recapitulativas de operaciones intracomunitarias, cuyo plazo reglamentario de presentación se hubiese vencido en los 12 meses anteriores a la fecha de presentación de la solicitud.

  » No mantener con la Administración tributaria del Estado deudas o sanciones tributarias en periodo ejecutivo, salvo que se trate de deudas o sanciones tributarias que se encuentren aplazadas, fraccionadas o cuya ejecución estuviese suspendida.

  » No tener pendientes de ingreso responsabilidades civiles derivadas de delito contra la Hacienda pública declaradas por sentencia firme.

- Que no hayan renunciado al sistema de cuenta corriente en materia tributaria o que no haya sido revocado el acuerdo de su inclusión en el sistema de cuenta corriente en materia tributaria durante el año natural en el que se presente la solicitud ni durante el año natural anterior.

Por su parte el artículo 139 del RGAT establece las **deudas y créditos que son objeto de anotación** en el sistema de cuenta corriente:

- Se anotarán los importes de los créditos reconocidos a los obligados tributarios por devoluciones tributarias derivadas de la normativa del tributo acordadas durante el periodo en que resulte aplicable dicho sistema correspondiente a los siguientes tributos:

  » Impuesto sobre la Renta de las Personas Físicas.

» Impuesto sobre Sociedades.

» Impuesto sobre la Renta de no Residentes cuando se trate de obligados tributarios que obtengan rentas mediante establecimiento permanente.

» Impuesto sobre el Valor Añadido.

> **A TENER EN CUENTA.** En el caso de las devoluciones solicitadas después de la apertura de la cuenta y todavía no acordadas, la anotación en la cuenta se producirá una vez que haya transcurrido el plazo legalmente previsto para efectuar la devolución sin que esta se haya llevado a cabo, de conformidad con lo previsto en la normativa aplicable.

- Se anotarán con signo contrario los importes de las deudas tributarias que resulten de las autoliquidaciones cuyo plazo de declaración o ingreso finalice durante el periodo en que resulten de las autoliquidaciones cuyo plazo de declaración o ingreso finalice durante el periodo en que resulte aplicable el sistema de cuenta corriente en materia tributaria, presentadas por el obligado tributario correspondientes a los siguientes conceptos tributarios:

    » Impuesto sobre la Renta de las Personas Físicas.

    » Impuesto sobre Sociedades.

    » Impuesto sobre la Renta de no Residentes cuando se trate de obligados tributarios que obtengan rentas mediante establecimiento permanente.

    » Impuesto sobre el Valor Añadido.

    » Pagos a cuenta del IRPF, IS, IRNE cuando se trate de obligados tributarios que obtengan rentas mediante establecimiento permanente.

- No podrán ser objeto de anotación en la cuenta corriente tributaria los créditos y deudas tributarias:

    » Que deriven de autoliquidaciones presentadas fuera de plazo.

    » Deudas que deriven de liquidaciones provisionales o definitivas practicadas por los órganos de la Administración tributaria.

    » Devoluciones reconocidas en los procedimientos especiales de revisión de la LGT y en la resolución de recursos y reclamaciones económico-administrativas.

    » Deudas tributarias devengadas en concepto del IVA en las operaciones de importación, excepto en los casos en que se haya optado por la aplicación del diferimiento del ingreso de las cuotas del IVA relativas a dichas operaciones liquidadas por la Aduana a que se refiere el apartado Dos del artículo 167 de la LIVA.

La aplicación del sistema de cuenta corriente es **incompatible**, durante el periodo de duración de la cuenta, en relación con los créditos y débitos acogidos al mismo, con el **procedimiento establecido para la compensación en el Reglamento General de Recaudación**, aprobado por el Real Decreto 939/2005, de 2 de septiembre.

Procedimiento para la inclusión en el sistema de cuenta corriente tributario

Para acogerse a este sistema, los obligados tributarios que reúnan los requisitos previstos en el apartado 1 del artículo 138 del RGAT, deberán **solicitarlo a la Agencia Estatal de Administración tributaria** en el plazo y con los requisitos que expondremos a continuación.

Señala el artículo 14 del RGAT que el procedimiento para acogerse al sistema de cuenta corriente en materia tributaria **se iniciará mediante solicitud** del obligado tributario que deberá presentarse durante el mes de octubre del año natural inmediato anterior a aquel en el que el sistema de cuenta corriente deba surtir efectos. Esta solicitud se presentará en el modelo aprobado por la Orden HFP/1032/2021, de 29 de septiembre, y se efectuará de forma obligatoria por vía electrónica a través de Internet por las vías que se establecen en la letra a) del artículo 19 de la Orden HAP/2194/2013, de 22 de noviembre.

Una vez se ha recibido la solicitud se realizarán las actuaciones que resulten necesarias para verificar el cumplimiento de los requisitos exigidos para aplicar el sistema.

Si a la vista de la documentación aportada se considerase que se cumplen todos los requisitos para acceder a la inclusión, se dictará resolución. En caso contrario, se notificará la propuesta de resolución y se concederá al obligado tributario un plazo de 15 días, contado a partir del día siguiente al de la notificación de la propuesta, para efectuar alegaciones.

El procedimiento **concluirá mediante resolución motivada en el plazo de 3 meses.** Transcurrido este plazo, o en su caso, llegado el primer día del año natural en el que debiera aplicarse el sistema de cuenta corriente sin que se haya notificado la correspondiente resolución se podrá entender desestimada la solicitud.

La resolución que acuerde la inclusión en el sistema de cuenta corriente en materia tributaria **surtirá efectos a partir del primer día del año natural** para el que el obligado tributario hubiese solicitado acogerse al sistema o, en caso de que la resolución se produzca en fecha posterior, a partir del día en que se acuerde la misma.

Efectos del sistema de cuenta corriente tributario

La aplicación del sistema al que nos referimos en este tema determinará que **la totalidad de los créditos y débitos tributarios que deban acogerse al mismo se computen para la liquidación de la cuenta,** con efectos desde el día en que tenga lugar el vencimiento del plazo de autoliquidación e ingreso de la deuda tributaria o en el que se acuerde la correspondiente devolución derivada de la normativa del tributo.

Los créditos y débitos que deban ser objeto de anotación **no serán exigibles individualmente durante la vigencia de la cuenta corriente tributaria**, sino únicamente por el saldo resultante de la misma tras la liquidación.

El artículo 142 del RGAT señala que para determinar el saldo de la cuenta corriente tributaria **se extinguirán por compensación los créditos y deudas anotados, surgiendo un nuevo crédito o deuda tributaria por el importe del saldo deudor o acreedor de la cuenta**.

Esta determinación se efectuará los días 31 de marzo, 30 de junio, 30 de septiembre y 31 de diciembre de cada año en los que se encuentre vigente, sin perjuicio de que en caso de revocación del acuerdo de inclusión deberá notificarse al obligado propuesta de resolución.

El crédito o la deuda tributaria resultante de la determinación del saldo por el órgano competente se notificará al obligado tributario, quien dispondrá a su vez de un plazo de 10 días, contados a partir del día siguiente al de la notificación de la apertura de dicho plazo, para formular alegaciones en relación con dicha determinación y aportar los documentos y justificantes que estime pertinentes.

Transcurrido el plazo de alegaciones se dictará liquidación provisional en el plazo de 15 días. En el caso de que de la liquidación resultara una cantidad a devolver, la Administración acordará su pago mediante transferencia a la cuenta bancaria que haya designado el obligado tributario. En el caso de que de la liquidación provisional resultase una cantidad a ingresar, el obligado tributario procederá a su ingreso en los plazos previstos en el apartado 2 del artículo 62 de la LGT para las liquidaciones practicadas por la Administración.

> **A TENER EN CUENTA**. Los saldos deudores de importe inferior a la cantidad que se determine mediante orden del Ministerio de Hacienda no serán exigibles.

Lo dispuesto sobre la determinación del saldo de la cuenta corriente en el artículo 142 del RGAT se entenderá sin perjuicio de la facultad de la Administración tributaria para comprobar o investigar la situación tributaria del obligado en relación con los créditos y deudas anotadas en la cuenta corriente tributaria por los procedimientos previstos en la LGT y en el RGAT.

|| Finalización del sistema de cuenta corriente en materia tributaria

La duración del sistema de cuenta corriente en materia tributaria **será, con carácter general, indefinido** y se aplicará en tanto no concurra alguna de las circunstancias establecidas en el artículo 143 del RGAT:

- Que el obligado tributario renuncie expresamente a su aplicación.
- Que proceda la revocación por la Administración.

La **renuncia a la aplicación del sistema de cuenta corriente en materia tributaria** se comunicará por el obligado tributario por medio del modelo aprobado por la Orden HFP/1032/2021, de 29 de septiembre. La renuncia producirá efectos a partir del primer día del trimestre siguiente a aquel en que se hubiera comunicado a la Administración tributaria, sin perjuicio de la liquidación del saldo del período en curso.

La exclusión del obligado tributario del sistema será declarada por los órganos competentes para acordar la inclusión.

El **acuerdo de inclusión** en el sistema de cuenta corriente en materia tributaria **se revocará** por cualquiera de las siguientes causas:

- Por la muerte o la incapacitación del obligado tributario, salvo que en este último caso continúe el ejercicio de las actividades por medio de representante, o por la disolución de la entidad.

- Por dejar de cumplir durante cada año natural en que se aplique el sistema los requisitos previstos en el artículo 138 del RGAT. Simultáneamente a la determinación del saldo del último trimestre natural del año se verificará el cumplimiento de los requisitos mencionados. Las autoliquidaciones a considerar para la determinación del cumplimiento de las obligaciones tributarias a que se refiere el apartado 1.c) del artículo 138 del RGAT serán aquellas cuyo plazo de presentación haya concluido en el año natural que acaba de finalizar.

- Por la iniciación de un procedimiento concursal contra el obligado tributario.

- Por la falta de pago en periodo voluntario de las liquidaciones de los saldos de la cuenta.

- Por presentar durante el periodo de aplicación del sistema de cuenta corriente en materia tributaria solicitudes de devolución derivadas de la normativa del tributo o autoliquidaciones a compensar que resulten total o parcialmente improcedentes y que hayan sido objeto de sanción, aunque esta no sea firme en vía administrativa.

Antes de acordar la revocación se notificará al obligado la propuesta de resolución en la que se citará de forma expresa la causa que concurre y se le concederá un plazo de 10 días, contados a partir del día siguiente al de la notificación de dicha propuesta, para que efectúe alegaciones.

La resolución que acuerde la revocación determinará el saldo de la cuenta y su exigibilidad en la forma prevista en el artículo 142 del RGAT, siendo competente para acordar la revocación lo órganos competentes para acordar la inclusión en el sistema.

2.8. Actuaciones y procedimientos de comprobación de obligaciones formales

Comprobación de obligaciones formales

La sección 7.ª del capítulo II del título IV del Reglamento General de las actuaciones y los procedimientos de gestión e inspección tributaria y de desarrollo de las normas comunes de los procedimientos de aplicación de los tributos (RGAT), recoge la **regulación de la actuaciones y procedimientos de que dispone la Administración tributaria para comprobar que se cumplen las obligaciones formales en materia tributaria**.

2.8.1. Comprobación censal

Comprobación censal

|| Actuaciones de comprobación censal

El artículo 144 del RGAT señala que, la **comprobación de la veracidad** de los datos comunicados en las declaraciones censales de alta, modificación y baja se realizará de acuerdo con los datos comunicados o declarados por el propio obligado tributario, con los datos que obren en poder de la Administración, así como mediante el examen físico y documental de los hechos y circunstancias en las oficinas, despachos, locales y establecimientos del obligado tributario. A estos efectos, los órganos competentes tendrán la facultad de entrada y reconocimiento.

La Administración tributaria podrá requerir la presentación de las declaraciones censales, la aportación de la documentación que deba acompañarlas, su ampliación y la subsanación de los defectos advertidos, y podrá incorporar de oficio los datos que deban figurar en los censos.

Cuando **se pongan de manifiesto omisiones o inexactitudes** en la información que figure en el censo, la rectificación de la situación censal del obligado tributario se realizará de acuerdo con lo dispuesto en los artículos 145 del RGAT y del artículo 146 del RGAT.

En el caso de registros de operadores intracomunitarios, de extractores de productos de depósitos fiscales de productos incluidos en los ámbitos objetivos de los Impuestos sobre el Alcohol y Bebidas Derivadas o sobre Hidrocarburos, y de devolución mensual a que se refiere el artículo 30 del RIVA, mediante acuerdo motivo del delegado o del director del departamento competente de la AEAT —previo informe del órgano proponente— podrá acordarse la baja cautelas en los siguientes supuestos:

- Cuando en una actuación o procedimiento tributario se constate la inexistencia de la actividad económica o del objeto social declarado o de su desarrollo en el domicilio comunicado, o que en el domicilio fiscal no se desarrolla la gestión administrativa y la dirección efectiva de los negocios.

- Cuando el obligado tributario hubiera resultado desconocido en la notificación de cualquier actuación o procedimiento de aplicación de los tributos.

- Cuando se constate la posible intervención del obligado tributario en operaciones de comercio exterior o intracomunitario o relativas a productos incluidos en los ámbitos objetivos de los Impuestos sobre el Alcohol y Bebidas Derivadas o sobre Hidrocarburos, de las que pueda derivarse el incumplimiento de la obligación tributaria o la obtención indebida de beneficios o devoluciones fiscales en relación con el IVA.

En estos casos **la baja cautelar se convertirá en definitiva cuando se efectúe la rectificación censal del obligado tributario** conforme a lo dispuesto en los artículos 145 y 146 del RGAT.

A TENER EN CUENTA. Cuando las circunstancias expuestas que dan lugar a la baja cautelar concurran en el momento de la solicitud de inclusión en tales registros, el delegado competente de la AEAT denegará, mediante acuerdo motivado, dicha inclusión.

En cualquier caso, **los acuerdos de baja no eximen al obligado tributario del cumplimiento de las obligaciones tributarias pendientes**.

|| Procedimiento para la rectificación censal

El procedimiento de rectificación de la situación censal podrá iniciarse:

- Mediante **requerimiento** de la Administración para que el obligado tributario aclare o justifique la discrepancia observada o los datos relativos a su declaración censal.

- Mediante la **notificación de la propuesta de resolución** cuando la Administración tributaria cuente con datos suficientes para formularla.

Cuando lo hechos a que se refiere el apartado 4 del artículo 144 del RGAT se constaten en actuaciones realizadas fuera de un procedimiento de aplicación de tributos, el **procedimiento de rectificación de la situación censal deberá iniciarse en el plazo de 1 mes desde el acuerdo de baja cautelar**. A estos efectos de entender cumplido el plazo del mes, será suficiente acreditar que se ha realizado un intento de notificación del inicio del procedimiento en dicho plazo. La falta de inicio del procedimiento en dicho plazo determinará el levantamiento de la medida cautelar.

En la tramitación del procedimiento, la Administración podrá realizar las actuaciones que se regulan en los apartados 1 y 2 del artículo 144 del RGAT, a las que nos hemos referido en el apartado anterior del tema.

Una vez que se haya notificado la propuesta de resolución, se concederá al obligado tributario un plazo de 10 días, contados a partir del siguiente al de la notificación de dicha propuesta, para que alegue lo que convenga a su derecho.

El procedimiento de rectificación censal **terminará** de alguna de las siguientes formas:

- Por resolución en la que se rectifiquen los datos censales del obligado tributario. La resolución deberá ser, en todo caso, motivada con una referencia sucinta a los hechos y fundamentos de derecho que se hayan tenido en cuenta en la misma.

- Por la subsanación, aclaración o justificación de la discrepancia o del dato objeto del requerimiento por el obligado tributario sin que sea necesario dictar resolución expresa. De dicha circunstancia se dejará constancia expresa en diligencia.

- Por caducidad, una vez transcurrido el plazo de 6 meses regulado en el artículo 104 de la LGT sin haberse notificado la resolución expresa que ponga fin al procedimiento.

- Por el inicio de un procedimiento de comprobación limitada o de inspección que incluya el objeto del procedimiento de rectificación de la situación censal.

En cuanto a la **rectificación de la situación censal**, el artículo 146 del RGAT regula la posibilidad de que se haga de oficio. Señala el mentado precepto que la Administración tributaria podrá rectificar de oficio la situación censal del obligado tributario sin necesidad de instruir el procedimiento regulado en el artículo 145 del RGAT en los siguientes supuestos:

- Cuando así derive de actuaciones o procedimientos de aplicación de los tributos en los que haya sido parte el propio obligado tributario y en los que se hayan realizado actuaciones de control censal, siempre que en dicha rectificación no sean tenidos en cuenta otros hechos ni otras alegaciones y pruebas que los constatados en dichos procedimientos.

- Cuando las personas o entidades a las que se haya asignado un NIF provisional no aporten en el plazo de un mes o, en su caso, en el plazo que se le otorgó en el requerimiento efectuado, la documentación necesaria para obtener el NIF definitivo, salvo que en dichos plazos justifiquen debidamente la imposibilidad de su aportación, la Administración tributaria podrá darles de baja en los registros de operadores intracomunitarios, de extractores de depósitos fiscales de productos incluidos en los ámbitos objetivos de los Impuestos sobre el Alcohol y Bebida Derivadas o sobre Hidrocarburos y de devolución mensual a que se refiere el artículo 30 del RIVA.

- Cuando concurran los supuestos regulados en el artículo 119 de la LIS. Además, la Administración tributaria podrá dar de baja al obligado tributario en los registros de operadores intracomunitarios, de extractores de depósitos fiscales de productos incluidos en los ámbitos objetivos de los Impuestos sobre el Alcohol y Bebidas Derivadas o sobre Hidrocarburos y de devolución mensual a que se refiere el artículo 30 del RIVA.

- Cuando durante un período superior a un año y después de realizar al menos tres intentos de notificación hubiera resultado imposible la práctica de notificaciones al obligado tributario en el domicilio fiscal o cuando se hubieran dado de baja deudas por insolvencia durante tres periodos impositivos o de liquidación, se podrá acordar la baja en los registros de operadores intracomunitarios, de extractores de depósitos fiscales de productos incluidos en los ámbitos objetivos de los Impuestos sobre el Alcohol y Bebidas Derivadas o sobre Hidrocarburos y de devolución mensual a que se refiere el artículo 30 del RIVA.

- Cuando conforme al apartado 3 del artículo 21 del RGAT proceda la rectificación censal.

Por otra parte, el artículo 147 del RGAT, regula la posibilidad de la Administración de **revocar el número de identificación fiscal asignado**, cuando en el curso de las actuaciones de comprobación realizadas conforme a lo dispuesto en los apartados 1 y 2 del artículo 144 del RGAT o en las demás actuaciones y procedimientos de aplicación de los tributos, se acredite alguna de las siguientes circunstancias:

- Las previstas en los apartados b), c) o d) del artículo 146 del RGAT a las cuales nos hemos referido en la enumeración anterior.

- Que mediante las declaraciones a que hacen referencia los artículos 9 y 10 del RGAT se hubiera comunicado a la Administración tributaria el desarrollo de actividades económicas inexistentes.

- Que la sociedad haya sido constituida por uno o varios fundadores sin que en el plazo de 3 meses desde la solicitud del NIF se inicie la actividad económica ni tampoco los actos que de ordinario son preparatorios para el ejercicio efectivo de la misma, salvo que se acredite suficientemente la imposibilidad de realizar dichos actos en el mencionado plazo. En caso de que la entidad se constituya con la finalidad específica de una posterior transmisión a terceros de sus participaciones, acciones y demás títulos representativos de los fondos propios, sin realizar actividad económica alguna hasta dicha transmisión, el plazo comenzará a contar desde que se hubiese presentado la declaración censal de modificación en los términos establecido en el párrafo tercero del apartado 2 del artículo 12 del RGAT.

- Que se constate que un mismo capital ha servido para constituir una pluralidad de sociedades, de forma que, de la consideración global de todas ellas, se deduzca que no se ha producido el desembolso mínimo exigido por la normativa aplicable.

- Que se comunique el desarrollo de actividades económicas, de la gestión administrativa o de la dirección de los negocios, en un domicilio aparente o falso, sin que se justifique la realización de dichas actividades o actuaciones en otro domicilio diferente.

- Que se constate el incumplimiento durante 4 ejercicios consecutivos de la obligación de depositar cuentas anuales en el Registro Mercantil.

- Que concurra la baja cautelar a que se refiere el apartado 6 de la disposición adicional vigésima quinta de la LGT.

El acuerdo de revocación requerirá la **previa audiencia al obligado tributario** por un plazo de 10 días, contados a partir del día siguiente al de la notificación de la apertura de dicho plazo, salvo que dicho acuerdo se incluya en la propuesta de resolución de rectificación censal.

A TENER EN CUENTA. La revocación deberá publicarse en el BOE produciendo los efectos que se establecen en el apartado 4 de la disposición adicional sexta de la LGT.

La revocación del NIF **determinará que no se emita el certificado de estar al corriente de las obligaciones tributarias** regulado en el artículo 74 del RGAT. Así mismo, la revocación determinará la **baja de los registros** de operadores intracomunitarios, de los registros territoriales dispuestos en la normativa reguladora de los Impuestos Especiales, del registro territorial del Impuesto sobre Gases Fluorados de Efecto Invernadero, de extractores de depósitos fiscales de productos incluidos en los ámbitos objetivos de los Impuestos sobre el Alcohol y Bebidas Derivadas o sobre Hidrocarburos y de devolución mensual a que se refiere el artículo 30 del RIVA.

La Administración tributaria **podrá rehabilitar el NIF mediante acuerdo** sujeto a los mismos requisitos de publicidad que hemos expuesto para el acuerdo de revocación. Las solicitudes para la rehabilitación del NIF sólo serán tramitadas cuando se acredite que han desaparecido las causas que motivaron la revocación y, en el caso de sociedades, se comunique, además, quienes ostentan la titularidad del capital de la sociedad, con identificación completa de sus representantes legales, así como de quienes tengan la consideración de titulares reales de la entidad conforme con lo previsto en el apartado 2 del artículo 4 de la Ley 10/201, de 28 de abril, el domicilio fiscal, así como documentación que acredite cuál es la actividad económica que la sociedad va a desarrollar. En particular, cuando la causa de revocación sea el incumplimiento durante 4 ejercicios consecutivos de la obligación de depositar las cuentas anuales en el Registro Mercantil, sólo será posible si se constata la subsanación del incumplimiento de la obligación de depósito de las cuentas anuales.

> **A TENER EN CUENTA**. La falta de resolución expresa de la solicitud de rehabilitación de un número de identificación fiscal en el plazo de tres meses determinará que la misma se entienda denegada.

Cuando antes de la asignación del NIF concurra alguna de las circunstancias que dan lugar a la revocación, procederá la denegación del mismo.

JURISPRUDENCIA

Sentencia del Tribunal Supremo n.º 254/2019, de 26 de febrero, ECLI:ES:TS:2019:1166

Asunto: Utilización de documentos y medios de prueba obtenidos en actuaciones de comprobación censal que hayan caducado.

«Teniendo en consideración que la cuestión suscitada en el auto de admisión, consiste en 'determinar si, las actuaciones de obtención de información tributaria pueden servir para recabar del obligado tributario la necesaria que permita a los órganos de gestión iniciar después un procedimiento de comprobación limitada de sus obligaciones tributarias, soslayando de este modo el plazo máximo de duración legalmente previsto para ese procedimiento y los efectos que a su incumplimiento se anudan', procede, en función de todo lo razonado precedentemente, declarar que los artículos 93, apartados 1 y 2 de la LGT y el artículo 30, apartados 3 y 4 del RGAT con relación a los plazos máximos de resolución y a los efectos de la falta de resolución expresa (art. 104) en el ámbito de los procedimientos de comprobación limitada (arts. 123 y 136 a 140 LGT), deben interpretarse de la siguiente manera:

Las actuaciones de obtención de información tributaria pueden servir para recabar del obligado tributario la necesaria para que permita a los órganos de gestión iniciar después un procedimiento de comprobación limitada de sus obligaciones tributarias, y están sujetas al plazo máximo de duración legalmente previsto para ese procedimiento. La utilización de los documentos y medios de prueba obtenidos en las actuaciones de comprobación censal que hayan caducado por el transcurso del plazo máximo previsto legalmente, de seis meses, tan solo conservarán su validez y eficacia en otros procedimientos iniciados o que puedan iniciarse posteriormente, cuando previamente se haya declarado por la Administración la caducidad de aquel procedimiento de comprobación censal y el archivo de las actuaciones».

RESOLUCIÓN ADMINISTRATIVA

Consulta vinculante de la Dirección General de Tributos (V0088-22), de 20 de enero de 2022

Asunto: Posibilidad de rehabilitar el NIF previamente revocado cuando no se va a desarrollar ninguna actividad económica en sentido estricto.

«En virtud de los preceptos aludidos, la consultante podrá solicitar la rehabilitación de su número de identificación fiscal a la Administración Tributaria conforme a lo dispuesto en el artículo 147.8 del RGAT. En particular, deberá acreditar que han desaparecido las causas que motivaron la revocación y deberá comunicar, además, quienes ostentan la titularidad del capital de la sociedad, con identificación completa de sus representantes legales, el domicilio fiscal, así como documentación que acredite cuál es la actividad económica que la sociedad va a desarrollar.

No obstante lo anterior, en la medida en que lo que se pretende es la rehabilitación del número de identificación fiscal a los efectos de proceder a la disolución y liquidación de la sociedad a los efectos exclusivos de la comunicación de la actividad económica de la sociedad, señalada en el apartado 8 del artículo 147 del RGAT, habría que identificar la cesación de la actividad que se venía desarrollando así como las nuevas actividades económicas que, en su caso, se fueran a realizar y que conlleve la disolución y liquidación de la misma».

2.8.2. Comprobación del domicilio fiscal

Comprobación del domicilio fiscal

La comprobación del domicilio fiscal en el ámbito de los tributos del Estado —incluidos los cedidos— corresponde a la Agencia Estatal de Administración Tributaria. El procedimiento lo iniciará de oficio por acuerdo del órgano que se establezca en la norma de organización específica, por propia iniciativa o a solicitud de cualquier otro órgano de la misma o de otra Administración tributaria afectada. Esta solicitud deberá ir acompañada de un informe sobre los antecedentes que fuesen relevantes.

El órgano competente para tramitar el procedimiento de comprobación deberá solicitar información al órgano a cuyo ámbito territorial se promueva el nuevo domicilio, salvo que ya figure en el expediente por haber promovido el inicio del procedimiento.

Si la **comprobación del domicilio fiscal pudiera dar lugar al cambio a una comunidad autónoma diferente,** se notificará esta circunstancia a las Administraciones tributarias de las comunidades autónomas afectadas para que, en el plazo de 15 días, puedan solicitar que el expediente se tramite con las especiales que se establecen en el artículo 152 del RGAT.

Esta comprobación se realizará de acuerdo con:

- Datos comunicados o declarados por el propio obligado tributario.
- Datos que obren en poder de la Administración.
- Datos y justificantes que se requieran al propio obligado tributario o a terceros.

- Mediante el examen físico y documental de los hechos y circunstancias en las oficinas, despachos, locales y establecimientos del obligado tributario.

> **A TENER EN CUENTA**. Para la comprobación del domicilio fiscal, los órganos competentes tendrán las facultades de entrada y reconocimiento de fincas que establece el artículo 172 del RGAT.

Una vez se haya tramitado el expediente se formulará propuesta de resolución que será notificada al obligado tributario para que, en el plazo de 15 días, contados a partir del día siguiente al de la notificación, pueda alegar y presentar los documentos y justificante que estime oportunos.

El órgano competente dispondrá de un plazo de 6 meses para notificar la resolución, la cual deberá ser motivada. Esta resolución confirmará o rectificará el domicilio fiscal que se hubiera declarado y será comunicada a los órganos implicados de la Agencia Estatal de Administración Tributaria y notificada a las Administraciones tributarias afectadas y al obligado tributario.

El procedimiento también podrá finalizar por caducidad, de acuerdo con lo dispuesto en el artículo 104 de la LGT.

> **CUESTIÓN**
>
> **¿Qué efectos produce el procedimiento de comprobación del domicilio fiscal?**
>
> Los principales efectos de la comprobación del domicilio fiscal se establecen en el artículo 151 del RGAT, el cual señala los siguientes:
>
> - El inicio del procedimiento no impedirá la continuación de los procedimientos de aplicación de los tributos iniciados de oficio o a instancia del interesado que se estuviesen tramitando.
> - Durante los 3 años siguientes a la fecha de la notificación de la resolución del procedimiento de comprobación del domicilio fiscal en la que se haya rectificado el declarado, las comunicaciones de cambio de domicilio fiscal que realice el obligado tributario, cuando supongan el traslado a una comunidad autónoma distinta tendrán el carácter de mera solicitud y deberán acompañarse de medios de prueba que acrediten la alteración de las circunstancias que motivaron la resolución.
> - En el plazo de 1 mes desde la presentación de la comunicación del cambio de domicilio fiscal, la Administración tributaria deberá notificar al obligado tributario un acuerdo por el que se confirme el domicilio fiscal comprobado previamente, por el que se inicie un nuevo procedimiento de comprobación del domicilio fiscal o por el que se admita el cambio de domicilio fiscal. En este último caso, el cambio de domicilio tendrá efectos a partir del día siguiente al de la notificación de dicho acuerdo. Transcurrido 1 mes desde la presentación de la comunicación del cambio de domicilio sin que se haya notificado el acuerdo que proceda, dicha comunicación tendrá efectos frente a la Administración tributaria a partir del día siguiente al de finalización de dicho plazo.

Especialidades del procedimiento de comprobación iniciado por una comunidad autónoma

Cuando la Administración tributaria de una comunidad autónoma considere que, en relación con los tributos cedidos, el domicilio fiscal que figura en el Censo de Obligados tributario no es el que corresponde, podrá solicitar que se inicie el procedimiento de comprobación del domicilio fiscal.

La comunidad autónoma indicará el lugar en el que entiende localizado el domicilio fiscal del obligado tributario y podrá acompañar toda la documentación probatoria que estime oportuna.

La Agencia Estatal de Administración Tributaria iniciará el procedimiento de comprobación del domicilio fiscal en el plazo de un mes desde que la solicitud de inicio tenga entrada en el órgano competente para acorde dicho inicio.

La propuesta de resolución se notificará al obligado tributario y, en su caso, a las Administraciones tributarias afectadas, cuando dicha propuesta dé lugar a un cambio de domicilio fiscal a una comunidad autónoma distinta a las del domicilio declarado, para que, en un plazo de 15 días, contados a partir del día siguiente al de la notificación de la propuesta, presenten las alegaciones que consideren oportunas. No será necesario notificar dicha propuesta al obligado tributario cuando la propuesta de resolución confirme el domicilio declarado.

Cuando se produzcan diferencias de criterio entre distintas Administraciones tributarias, su resolución requerirá informe favorable de las Administraciones tributarias de las comunidades autónomas afectadas por la propuesta de resolución. En caso de haber informe favorable de dichas Administraciones tributarias, la resolución les corresponderá a las juntas arbitrales.

2.8.3. Control de presentación de declaraciones, autoliquidaciones y comunicaciones de datos

Control de presentación de declaraciones, autoliquidaciones y comunicaciones de datos

De conformidad con el artículo 153 de RGAT, le corresponde a la Administración tributaria el control del cumplimiento de la obligación de presentar declaraciones, autoliquidaciones y comunicaciones de datos en los siguientes **supuestos**:

- Cuando resulten obligados a ello de acuerdo con su situación censal. En este caso la Administración podrá requerir al obligado tributario para que presente la autoliquidación o declaración omitida o, en su caso, comunique la correspondiente modificación o baja censal.

- Cuando se ponga de manifiesto por la presentación de otras declaraciones, autoliquidaciones o comunicaciones de datos del propio obligado tributario. La Administración tributaria entenderá que existe omisión en la presentación de la declaración o autoliquidación y podrá requerir su presentación, entre otros casos, cuando la obligación de presentar una declaración, autoliquidación o comunicación de datos se derive de la presentación por el propio obligado de declaraciones exigidas con carácter general en cumplimiento de la obligación de suministro de información y se hayan presentado declaraciones o autoliquidaciones periódicas asociadas a aquella.

- Cuando se derive de información que obre en poder de la Administración procedente de terceras personas. Se considerará que se ha omitido la presentación de declaraciones o autoliquidaciones y podrá requerirse su presentación. Cuando el obligado tributario alegue inexactitud o falsedad de dicha información se podrá requerir al tercero para que ratifique la información suministrada.

- Cuando se ponga de manifiesto en el curso de otras actuaciones o procedimientos de aplicación de los tributos.

En los casos en que no se atienda al requerimiento o en los que, atendiéndose a este, se presente una declaración o autoliquidación en la que se aprecien discrepancias respecto de los importes declarados o autoliquidados por el obligado tributario o por terceros, podrá iniciarse el correspondiente procedimiento de comprobación o investigación.

El procedimiento de control de declaraciones, autoliquidaciones y comunicaciones de datos **terminará** de alguna de las siguientes formas:

- Por la presentación de la declaración, autoliquidación o comunicación de datos omitidas.

- Por la justificación de la no sujeción o exención en el cumplimiento de la obligación de presentación. De dicha circunstancia se dejará constancia expresa en diligencia.

- Por el inicio de un procedimiento de comprobación e investigación.

- Por caducidad, una vez transcurrido el plazo de 3 meses sin haberse notificado resolución expresa que pongan fin al procedimiento.

JURISPRUDENCIA

Sentencia del Tribunal Supremo n.º 1348/2025, de 23 de octubre de 2025, ECLI:ES:TS:2025:4719

Asunto: Declaración de caducidad del procedimiento de control de presentación de autoliquidaciones.

«*Consecuencia de todos los razonamientos que hemos expresado, con cita abundante de jurisprudencia previa, procede establecer la siguiente jurisprudencia, reiteración y refuerzo de la que veníamos declarando:*

1) La declaración expresa y formal de caducidad es preceptiva para la Administración tributaria en los procedimientos de gestión (art. 104, 1 y 5, LGT). En los casos en que, transcurrido el plazo máximo de duración del procedimiento, no se declare la caducidad de un procedimiento -en este caso, de control de presentación de autoliquidaciones, relativo a un determinado concepto tributario y, en su caso, período impositivo-, ello determina la invalidez del inicio de un ulterior procedimiento de comprobación limitada respecto de dicho concepto tributario y, en su caso, período impositivo, así como de los actos que en dicho segundo procedimiento se dicten.

2) El procedimiento de control de presentación de autoliquidaciones, regulado en el artículo 153 del Reglamento General de las actuaciones y los procedimientos de gestión e inspección tributaria y de desarrollo de las normas comunes de los procedimientos de aplicación de los tributos aprobado por Real Decreto 1065/2007, de 27 de julio (RGAT), no ofrece peculiaridades, por su contenido o regulación, que permitan exceptuar la aplicación de dicha regla general sobre la preceptiva declaración de caducidad de los procedimientos caducados».

2.8.4. Control de otras obligaciones formales

Control de otras obligaciones formales

El procedimiento para la comprobación del cumplimiento de obligaciones tributarias formales distintas de las reguladas en los anteriores apartados se iniciará de oficio. En este procedimiento la Administración tributaria podrá realizar las actuaciones previstas en los apartados b), c) y d) del apartado 2 del artículo 136 de la LGT.

Una vez concluidas las actuaciones de comprobación, se dará **audiencia al obligado tributario por un plazo de 10 días** contados a partir del día siguiente al de la notificación de la apertura de dicho plazo. Finalizado este trámite de audiencia, se procederá a documentar el resultado de las actuaciones de comprobación en diligencia que, conforme señala el artículo 154 del RGAT, deberá incluir al menos el siguiente contenido:

- Obligación tributaria o elementos de la misma comprobados y ámbito temporal objeto de comprobación.
- Especificación de las actuaciones concretas realizadas.
- Relación de hechos que motivan la diligencia.

La **diligencia se incorporará al expediente sancionador** que, en su caso, se inicie o que se hubiera iniciado como consecuencia del procedimiento, sin perjuicio de la remisión que deba efectuarse cuando resulte necesario para la iniciación de otro procedimiento de aplicación de los tributos.

El procedimiento de comprobación de otras obligaciones formales **terminará** de alguna de las siguientes formas:

- Por diligencia.
- Por caducidad, una vez transcurrido el plazo de 6 meses que establece el artículo 104 de la LGT, sin haberse formalizado la diligencia que pone fin al procedimiento.
- Por el inicio de un procedimiento de comprobación limitada o de inspección que incluya el objeto del procedimiento.

Finalizado el procedimiento mediante diligencia, la Administración tributaria **no podrá efectuar una nueva regulación en relación con el objeto comprobado**, salvo que en un procedimiento de comprobación limitada o inspección posterior se descubran nuevos hechos o circunstancias que resulten de actuaciones distintas de las realizadas y especificadas en dicha diligencia.

ANEXO.
CASOS PRÁCTICOS

Caso práctico | Efectos de la anulación de un procedimiento de verificación de datos

PLANTEAMIENTO

Por medio de un procedimiento de verificación de datos se realiza una liquidación provisional contra la cual se presenta reclamación que es estimada por el órgano, al entender el mismo que las cuestiones planteadas en el expediente no pueden resolverse en el ámbito de este procedimiento. ¿Qué efectos tiene la anulación de la liquidación por improcedencia del procedimiento de verificación de datos?

RESPUESTA

La utilización de un procedimiento de verificación de datos cuando no procede el mismo supone que la liquidación que deriva del mismo es nula de pleno derecho y en consecuencia no interrumpe el plazo de prescripción.

Debe tenerse en cuenta que el procedimiento de verificación de datos tiene un alcance limitado en relación con el procedimiento de comprobación limitada, considerando que la verificación de datos se agota en el mero control de carácter formal de la autoliquidación. El artículo 131 de la LGT se refiere, con carácter de *númerus clausus*, a los casos en que se puede iniciar este procedimiento.

La utilización de este procedimiento para una finalidad distinta a la que tiene prevista en la ley, supone una disminución de las garantías y derechos del administrado. Es por ello que la utilización improcedente del proceso supone la nulidad de la resolución.

Esta conclusión se fundamenta en la doctrina sentada por el Tribunal Supremo, reiterada en múltiples sentencias como la **STS n.º 1629/2020, de 30 de noviembre, ECLI:ES:TS:2020:4139**, por la cual se establece:

> «Por ello a la pregunta formulada por la Sección Primera sobre «Si la anulación de una liquidación tributaria practicada como desenlace de un procedimiento de verificación de datos, cuando debió serlo en uno de comprobación limitada, integra un supuesto de mera anulabilidad o uno de nulidad de pleno Derecho, con la consecuencia en este segundo caso, conforme a la jurisprudencia del Tribunal Supremo, de la incapacidad de las actuaciones desarrolladas en el procedimiento de verificación de datos para interrumpir el plazo de prescripción del derecho de la Administración a determinar la deuda tributaria mediante la oportuna liquidación» ha de contestarse que la utilización de un procedimiento de verificación de datos, cuando debió serlo de uno de comprobación limitada, constituye un supuesto de nulidad de pleno derecho».
>
> En consecuencia, la aplicación de esta doctrina al presente recurso conlleva la apreciación de la nulidad del acuerdo impugnado al haberse utilizado un procedimiento inidóneo para interrumpir la prescripción del tributo al haber transcurrido con exceso el plazo de cuatro años desde la fecha en que debió presentarse la declaración, por lo que procede dar lugar al recurso, con anula-

ción de la sentencia recurrida, sin necesidad de pronunciarse sobre la cuestión planteada, cuya respuesta viene condicionada ya en el Auto de admisión, por la existencia de prescripción del tributo"».

Caso práctico | Presentación de declaración extemporánea de la renta a devolver por un no obligado a declarar y posibilidad de sanción

PLANTEAMIENTO

Un contribuyente no estaba obligado a presentar declaración por el Impuesto sobre la Renta de las Personas Físicas correspondiente a 2023, por lo que no presentó dicha autoliquidación. Sin embargo, realizó una simulación de la autoliquidación y obtuvo como resultado un eventual derecho a devolver como consecuencia de las retenciones que en su momento se le practicaron.

¿Puede presentar la autoliquidación correspondiente al período 2023 de forma extemporánea? ¿Es sancionable la presentación de dicha autoliquidación fuera de plazo?

RESPUESTA

Sí, podría presentar la autoliquidación correspondiente al ejercicio 2023 fuera de plazo. Sin embargo, esta presentación extemporánea supone que pueda aplicarse el tipo de infracción recogido en el apartado 1 del artículo 198 de la LGT, siendo esta conducta sancionable siempre que se considere que concurre el elemento subjetivo de culpabilidad.

En cuanto a la posibilidad de presentar la autoliquidación correspondiente a 2023 fuera de plazo, el artículo 124 de la LGT señala que *«Según se establezca en la normativa reguladora de cada tributo, el procedimiento de devolución se iniciará mediante la presentación de una autoliquidación de la que resulte cantidad a devolver, mediante la presentación de una solicitud de devolución o mediante la presentación de una comunicación de datos».* Y, por su parte, añade el artículo 125 de la LGT lo siguiente en relación con las devoluciones derivadas de autoliquidaciones:

> «1. Cuando de la presentación de una autoliquidación resulte cantidad a devolver, la Administración tributaria deberá efectuar la devolución que proceda de acuerdo con lo establecido en el artículo 31 de esta ley.
>
> 2. El plazo establecido para efectuar la devolución comenzará a contarse desde la finalización del plazo previsto para la presentación de la autoliquidación.
>
> En los supuestos de presentación fuera de plazo de autoliquidaciones de las que resulte una cantidad a devolver, el plazo al que se refiere el artículo 31 de esta ley para devolver se contará a partir de la presentación de la autoliquidación extemporánea».

A su vez, cabe señalar que los contribuyentes que cumplen las condiciones del apartado 2 del **artículo 96 de la LIRPF** no están obligados a no declarar, sino que tienen el derecho de no hacerlo. Se trataría de un derecho y no de una opción, con lo que no resultaría de aplicación en este supuesto el apartado 3 del **artículo 119 de la LGT**, a cuyo tenor *«Las opciones que según la normativa tributaria se deban ejercitar, solicitar o renunciar con la presentación de una declaración no podrán rectificarse* con posterioridad a ese momento, salvo que la rectificación se presente en el período reglamentario de declaración».

Así las cosas, **se podrá presentar la autoliquidación extemporánea que, en su caso, iniciará el correspondiente procedimiento de devolución.**

Por lo que se refiere a la segunda cuestión planteada, referida a si tal presentación fuera de plazo es sancionable, debe acudirse en primer término al artículo 198 de la LGT:

> «1. Constituye infracción tributaria no presentar en plazo autoliquidaciones o declaraciones, así como los documentos relacionados con las obligaciones aduaneras, siempre que no se haya producido o no se pueda producir perjuicio económico a la Hacienda Pública.
>
> La infracción prevista en este apartado será leve.
>
> La sanción consistirá en multa pecuniaria fija de 200 euros o, si se trata de declaraciones censales o la relativa a la comunicación de la designación del representante de personas o entidades cuando así lo establezca la normativa, de 400 euros.
>
> (...)
>
> 2. No obstante lo dispuesto en el apartado anterior, si las autoliquidaciones o declaraciones se presentan fuera de plazo sin requerimiento previo de la Administración tributaria, la sanción y los límites mínimo y máximo serán la mitad de los previstos en el apartado anterior.
>
> Si se hubieran presentado en plazo autoliquidaciones o declaraciones incompletas, inexactas o con datos falsos y posteriormente se presentara fuera de plazo sin requerimiento previo una autoliquidación o declaración complementaria o sustitutiva de las anteriores, no se producirá la infracción a que se refiere el artículo 194 ó 199 de esta ley en relación con las autoliquidaciones o declaraciones presentadas en plazo y se impondrá la sanción que resulte de la aplicación de este apartado respecto de lo declarado fuera de plazo.
>
> (...)»».

Por lo tanto, la presentación de una autoliquidación extemporánea, aunque no implique un perjuicio económico para la Hacienda pública, es constitutiva de la infracción del apartado 1 del artículo 198 de la LGT. Eso sí, para que la conducta sea sancionable, además del resto de los requisitos necesarios, debe concurrir el elemento subjetivo de culpabilidad en el obligado tributario, conforme al apartado 1 del artículo 183 de la LGT, que establece que «*Son infracciones tributarias las acciones u omisiones dolosas o culposas con cualquier grado de negligencia que estén tipificadas y sancionadas como tales en esta u otra ley*». Este elemento subjetivo tendrá que ser valorado por la Administración tributaria gestora correspondiente.

Finalmente, con respecto a la posibilidad de sanción de la conducta descrita en el supuesto planteado, cabe resaltar lo apuntado por la Dirección General de Tributos en su **consulta vinculante (V2852-23), de 24 de octubre de 2023**, donde indicó lo siguiente:

> «(...) es necesario destacar que el artículo 96.2 de la LIRPF exime de la obligación de declarar a los contribuyentes que cumplan las condiciones de dicha disposición, pero, si el contribuyente decide declarar, no le exime del cumplimiento de los requisitos que conlleva la presentación de la declaración referidos en el artículo 97.1 de la LIRPF, entre los cuales se encuentra el cumplimiento de los plazos de presentación de la autoliquidación determinados por el Ministro de Hacienda. De forma que el derecho a no presentar la declaración se debe considerar en sus justos términos, esto es, una exención de la obligación de presentación de autoliquidación, pero no en modo alguno como un

descargo en el cumplimiento del resto de las condiciones jurídicas que debe cumplir toda autoliquidación, entre las que se encuentra la presentación en el plazo fijado legalmente.

Por tanto, siempre que se cumplan el resto de los requisitos legalmente exigibles la conducta de presentación de la autoliquidación extemporánea a la que se refiere la consulta sería, en su caso, susceptible de ser sancionada conforme a Derecho».

Caso práctico | Procedimiento de comprobación de valores de participaciones accionariales incluidas en la masa hereditaria: imposibilidad de utilización del sistema de capitalización

PLANTEAMIENTO

En la valoración de las participaciones sociales en la entidad X y Y la Administración ha utilizado el método de valoración consistente en la capitalización al tipo del interés legal del beneficio medio de los tres últimos ejercicios declarado a los efectos del Impuesto sobre la Renta de las Personas Físicas.

¿Es posible aplicar el sistema de capitalización para valorar acciones a efectos del Impuesto sobre Sucesiones y Donaciones?

RESPUESTA

El artículo 57 de la LGT establece que el valor de las rentas, productos, bienes y demás elementos determinantes de la obligación tributaria podrá ser comprobado por la Administración tributaria por medio, entre otros, de la capitalización o imputación de rendimientos al porcentaje que la ley de cada tributo señale.

Atendiendo a este precepto para que este medio puede ser empleado por la Administración es preciso que el sistema de valoración esté expresamente previsto por la ley de cada tributo, Esta exigibilidad convierte al sistema de capitalización en una materia reservada a la Ley, no pudiendo quedar al arbitrio del perito la aplicación de la misma y la elección del tipo de interés, dada su trascendencia esencial. **Ya que la Ley del Impuesto sobre Sucesiones y Donaciones no está prevista regla especial alguna que autorice la valoración de las participaciones sociales por el sistema de capitalización, ni norma alguna que haya aprobado los correspondientes porcentajes, que no es posible aplicar el sistema de capitalización para valorar acciones a efectos de este impuesto.**

En relación con el supuesto planteado, el TEAC ha señalado, en su **resolución n.º 714/2009, de 31 de enero de 2011** lo siguiente:

> «Pues bien, este Tribunal Central debe señalar que efectivamente el sistema de capitalización de beneficios viene previsto como medio de valoración en el art 52 de la LGT (aplicable a este caso concreto) siendo en principio un sistema razonable de valoración, si bien, tal y como prescriben dichos preceptos, dicho sistema de valoración debe estar expresamente previsto por la ley de cada tributo, entre otras razones, porque el elemento esencial para la valoración por capitalización no es otro que el tipo de interés, y su especificación exige la LGT que la determine la ley propia de cada tributo. Esta exigibilidad convierte el sistema de capitalización (y en especial el tipo de capitalización) en una materia reservada a la Ley, no pudiendo quedar al arbitrio del perito la aplicación de la misma y la elección del tipo de interés, dada su trascendencia esencial. No estando prevista en la Ley del Impuesto dicho sistema de valoración, ni por tanto la especificación del tipo de capitalización, no es admisible realizar la valoración por dicho sistema.

No cabe, por otro lado, pretender eludir el principio de legalidad, como argumenta el recurrente, aduciendo que se trata de una valoración pericial, ya que en realidad la capitalización consiste en un mero cálculo aritmético que no requiere preparación profesional o pericial alguna, pudiendo ser calculada directamente por el órgano liquidador. Por otro lado, la intervención de un perito no permite por ello a utilizar un medio de valoración no autorizado por la ley del tributo.

Por último respecto a las alegaciones que el recurrente expone relativas a la motivación de la valoración practicada, debe puntualizarse que la cuestión no radica en si la valoración está debidamente motivada, que a juicio de este Tribunal efectivamente lo está, sino si el sistema empleado tiene la correspondiente cobertura legal.

Es por ello ajustada a Derecho la resolución al declarar que: "En la Ley del Impuesto sobre Sucesiones y Donaciones no está prevista regla especial alguna que autorice la valoración de las participaciones sociales por el sistema de capitalización, ni norma alguna que haya aprobado los correspondientes porcentajes", lo que confirma este Tribunal, debiéndose desestimar en consecuencia el recurso interpuesto».

Caso práctico | ¿Puede sancionarnos Hacienda sin haber terminado el procedimiento de comprobación limitada?

PLANTEAMIENTO

Una persona recibe una notificación de Hacienda comunicándole el inicio de un procedimiento de comprobación limitada derivado de una autoliquidación de IVA, en la que constan cuotas incorrectamente declaradas. Presenta alegaciones, que son rechazadas e interpone recurso de reposición. Antes de la resolución del recurso recibe una notificación del inicio de un expediente sancionador con propuesta de sanción de 1.200 euros. ¿Es posible tramitar el procedimiento sancionador antes de la resolución del procedimiento de comprobación?

RESPUESTA

Sí es posible que el procedimiento sancionador se inicie antes de que se finalice el procedimiento de comprobación limitada, tal como ha declarado el Tribunal Supremo en la **sentencia n.º 1075/2020, de 23 de julio, ECLI:ES:TS:2020:2687**.

Señala a este respecto el Alto Tribunal que puede aceptarse la máxima de que sin liquidación no hay sanción, pero no la de que sin liquidación no puede haber inicio del procedimiento tributario sancionador. El apartado 2 del artículo 209 de la LGT no establece que el procedimiento sancionador solo pueda instruirse después de que se haya dictado la liquidación de la que trae causa, pero existen preceptos reglamentarios de los que bien podría inferirse que dicho procedimiento puede iniciarse sin que se haya practicado aún la liquidación. Refiere en este sentido la sentencia mencionada:

> «En particular, el artículo 22.4 RGRST dispone que «[s]e iniciarán tantos procedimientos sancionadores como propuestas de liquidación se hayan dictado, sin perjuicio de los que hayan de iniciarse por las conductas constitutivas de infracción puestas de manifiesto durante el procedimiento y que no impliquen liquidación». Y el artículo 25 RGRST (el otro que el auto de admisión nos pide expresamente que examinemos) señala que «[s] e iniciarán tantos procedimientos sancionadores como actas de inspección se hayan incoado, sin perjuicio de los que hayan de iniciarse por las conductas constitutivas de infracción puestas de manifiesto durante el procedimiento inspector y que no impliquen liquidación» (apartado 2); y que «[c]uando el inicio y la tramitación del procedimiento sancionador correspondan al mismo equipo o unidad que haya desarrollado o esté desarrollando las actuaciones de comprobación e investigación, la propuesta de resolución podrá suscribirse por el jefe del equipo o unidad o por el funcionario que haya suscrito o vaya a suscribir las actas» (apartado 3, párrafo segundo).

De ambos preceptos reglamentarios se infiere que el inicio del procedimiento sancionador puede producirse cuando el expediente de gestión o de inspección se encuentra todavía en fase de instrucción y se están llevando a cabo actuaciones de comprobación o de investigación, sin que, en ningún momento, esté previsto que sea precisa la previa notificación a la persona o entidad "presuntamente responsable" de la liquidación tributaria de la que el procedimiento sancionador trae causa para que este pueda iniciarse».

Debemos entender, por tanto, que puede iniciarse el procedimiento antes de que practique la liquidación tributaria.